谨以此书向抗疫中的中国工人阶级致敬

平凡英雄

ORDINARY HERO

中国工人阶级抗击新冠肺炎疫情实录

中国工人 编

中国工人出版社

图书在版编目（CIP）数据

平凡英雄：中国工人阶级抗击新冠肺炎疫情实录 / 中国工人编.
—北京：中国工人出版社，2020.9
ISBN 978-7-5008-7491-1

Ⅰ.①平… Ⅱ.①中… Ⅲ.①新闻报道—作品集—中国—当代 Ⅳ.①I253

中国版本图书馆CIP数据核字（2020）第179380号

平凡英雄：中国工人阶级抗击新冠肺炎疫情实录

出 版 人　王娇萍
责任编辑　蒋佩轩
责任印制　栾征宇
出版发行　中国工人出版社
地　　址　北京市东城区鼓楼外大街45号　邮编：100120
网　　址　http://www.wp-china.com
电　　话　（010）62005043（总编室）
　　　　　（010）62005039（印制管理中心）
发行热线　（010）62005996　82029051
经　　销　各地书店
印　　刷　三河市东方印刷有限公司
开　　本　710毫米×1000毫米　1/16
印　　张　18.5
字　　数　215千字
版　　次　2020年10月第1版　2020年10月第1次印刷
定　　价　78.00元

前言

PREFACE

自新冠肺炎疫情暴发以来，以习近平同志为核心的党中央团结带领全国各族人民，进行了一场惊心动魄的抗疫大战，经受了一场艰苦卓绝的历史大考，付出巨大努力，取得了抗击新冠肺炎疫情斗争重大战略成果。在这来之不易的成果背后，是千千万万普通劳动者的付出与坚守，是中国工人阶级的担当与作为。舍身赴死的医生护士、全力奋战的建筑工人、日夜兼程的卡车司机、不停穿梭的外卖小哥、默默付出的环卫工人……他们的抗疫故事充分展现了中国精神、中国力量、中国担当，他们用自己的血肉身躯筑起中国抗击新冠肺炎疫情的中流砥柱。

为充分弘扬中国工人阶级在抗击新冠肺炎疫情中的伟大品格，我们组织编写了《平凡英雄：中国工人阶级抗击新冠肺炎疫情实录》。本书共分为四编，以《中国工人》杂志深入一线的采访文字和摄影图片为主，讲述了中国工人阶级在抗击新冠肺炎疫情中的感人故事，真实再现了中国工人阶级抗击新冠肺炎疫情时刻的艰难、友爱与希望，生动诠释了当代中国工人阶级的精神与力量。

第一编，“非常40天”。这是疫情突袭时最紧张的40天，疫情态势迅猛变化，不断增长的疑似与确诊病例让所有人都揪着心。然而，中国工人阶级在灾难和恐惧面前没有退缩，他们抱着“疫情不退我不退”的决心，逆行出征，把人民至上、生命至上的信念化为实际行动。

第二编，“战在‘疫’线”。“哪有什么岁月静好，只是有人为你负重前行。”疫情期间，当大多数人在家安全地隔离时，是一个个普通的劳动者在维持着城市的运转，保障着大多数人的正常生活。他们或许是社区工作者，或许是排污清洁工，或许是保电的工人……他们是特殊时期的“摆渡人”。

第三编，“抗疫记忆”。苦难造就了英雄，也磨砺着普通人。在这场没有硝烟的战争中，每个普通人的心灵都得到洗涤，家国之情都在傲然滋长。有人在抗疫中火线入党，有人选择勇闯禁区，有人为他人抚慰心理创伤……疫情带给人的不仅有苦难，还有温暖与爱。

第四编，“全力以‘复’”。有劳动者的地方，就有工会组织的身影。疫情暴发后，全国总工会紧急下发通知，号召各级工会关心支持医务人员全力以赴投身抗击新冠肺炎疫情工作，组织动员广大工会干部和职工群众积极投身疫情防控的人民战争。各级工会组织全力支持复工复产，切实维护特殊时期职工的合法权益。工会“娘家人”始终在职工的身边，为职工抗疫和复工复产保驾护航。

习近平总书记指出，精神是一个民族赖以长久生存的灵魂，唯有精神上达到一定的高度，这个民族才能在历史的洪流中屹立不倒、奋勇向前。今天，我们把这些记录国家命运与个人遭遇的历史底稿整理出版，为的是永远记住在这场深刻影响中国社会的苦难抗争里，那些勇往直前以赴之、殚精竭虑以成之、舍生忘死以从之的无名之辈，永远记住那些充满忠诚、勇敢、善良、无私、友爱、大义的闪光时刻。无论通往美好未来的道路还有多少艰难险阻，中国工人阶级都将不辱使命，一往无前。

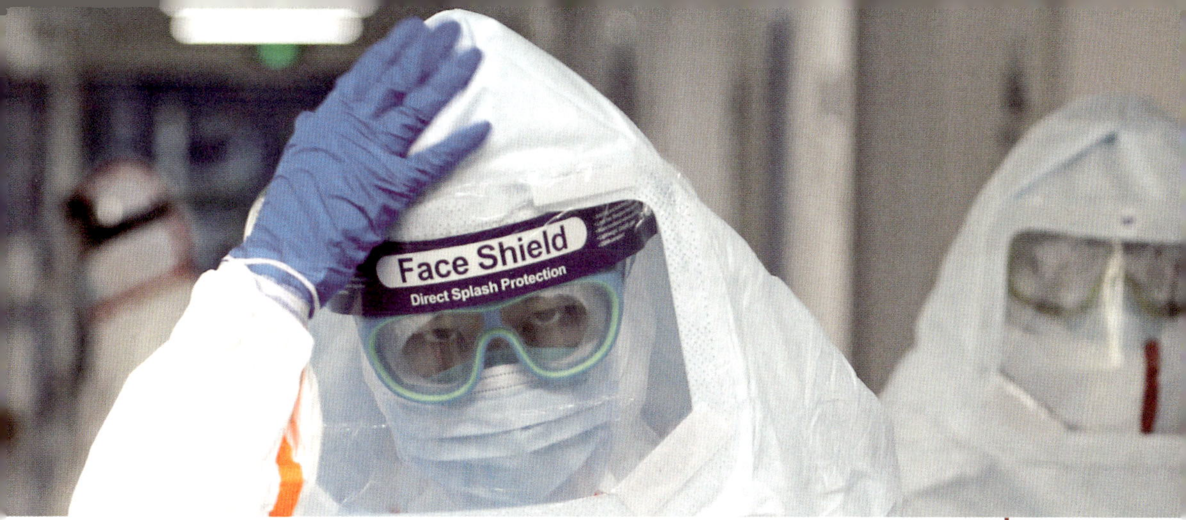

目 录

CONTENTS

武汉必胜

第三编

抗疫记忆

第四编

全力以“复”

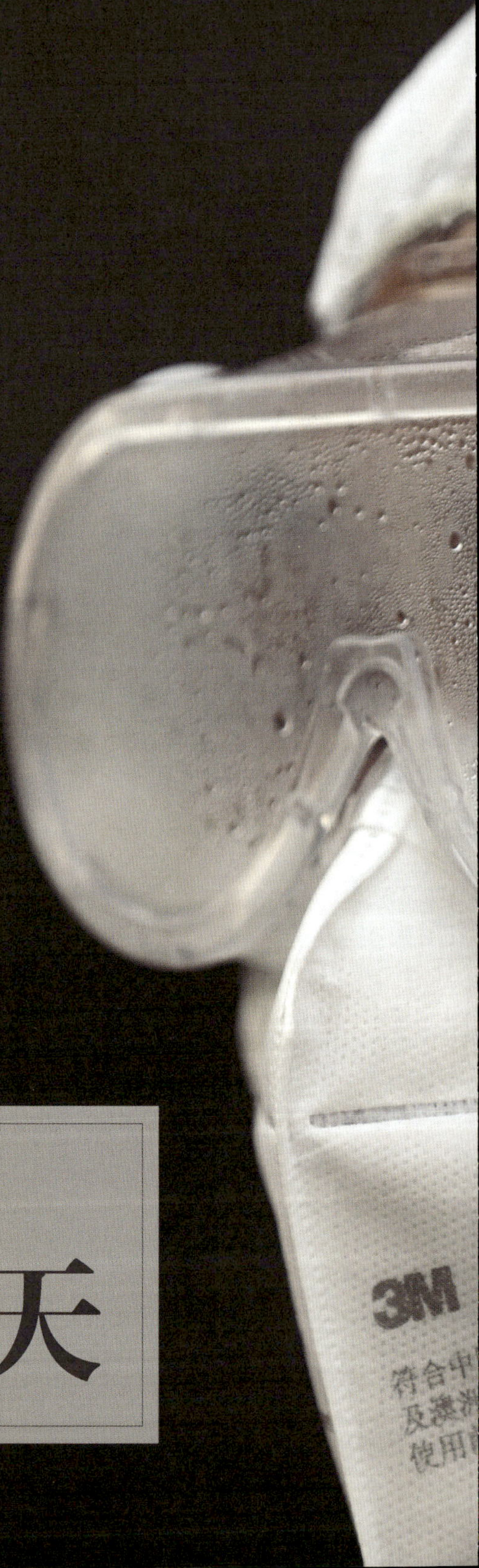

第一编

非常 40 天

01
-2006 KN90
1716 P1标准
阅读包装盒上说明

1月21日　第1天　累计确诊291例　现有疑似54例

战“疫”打响

1月21日凌晨4时，湖北省武汉市卫健委首次对外披露：市内共有15名医护人员确诊为新型冠状病毒感染的肺炎病例，另有1名为疑似病例。这是官方继2019年12月8日通报首例不明原因肺炎患者发病后向社会首次承认有医护人员感染，也意味着明确了肺炎有人传人的现象。

就在这条消息发布的4个小时前，中国工程院院士钟南山在接受中央电视台采访连线时明确表示：“现在已经存在人传人，同时医护人员也有传染。”

钟南山，17年前在抗击非典中名噪一时，17年后又一次站在了公共卫生危机的最前沿，并成为那个惊醒众人的人。细心的网友发现，这位84岁高龄的医生，在告诫大众“没有特殊情况不要去武汉”的时候，却毅然登上了去往武汉的高铁列车。彼时，春节前夕的高铁票紧张，临时上车的钟南山被安排在餐车一角，一直坐到武汉。

这一天，人民日报头版显要位置刊发一则消息《习近平对新型冠状病毒感染的肺炎疫情作出重要指示强调 要把人民群众生命安全和身体健康放在第一位 坚决遏制疫情蔓延势头 李克强作出批示》，消息中披露，习近平总书记强调，要全力救治患者，尽快查明病毒感染和传播原因，加强病例监测，规范处置流程。

国家战“疫”已经打响。

一天前，国家卫生健康委员会成立了新型冠状病毒感染的肺炎应对处置工作领导小组，武汉市成立了新型冠状病毒感染的肺炎疫情防控指挥部，北京、广东、上海等地相继通报了新型冠状病毒肺炎确诊病例。紧接着，国务院批准将新冠肺炎纳入《传染病防治法》规定的乙类传染病，采取甲类传染病的预防、控制措施。

一系列国家层面的防控行动迅速展开，然而，2020 年湖北省春节团拜会文艺演出依旧在当晚如期举行。那个被高度怀疑为“罪魁祸首”的华南海鲜批发市场，这一天迎来更大力度的管控，市场西侧的商户大门紧闭并拉起了警戒线，萧条的街道上不断有卫生防疫部门工作人员进行消毒。

与人迹罕至的华南海鲜市场形成鲜明对比的是武汉各大医院拥挤的场景。长长的就诊队伍排到门口，身穿防护服的医护人员在分诊台前被患者层层包围，楼内各处大都写有“因近期发热患者较多，请您耐心等候；或就近前往附近医院就诊”等字样。萧条与拥挤，秩序与慌乱，循着疫情，并行不悖地开始在这座九省通衢的特大城市蔓延开去。

如梦初醒的人，漫不经心的人，口罩成为他们的分野标志。

一个叫作新型冠状病毒的潘多拉魔盒，已经打开。战“疫”，刚刚开始。

在湖北武汉长江两岸的沿线楼宇亮起灯光秀为武汉加油，为中国加油　　朱兴鑫 / 摄

1月22日　第2天　累计确诊440例　现有疑似37例　累计死亡9例

请战，让我上一线

“我郑重向组织提出请求，自愿加入医院组织的抗击新型冠状病毒应急小分队，同时自愿坚守在抗击病毒的急诊第一线，为赢得抗击病毒战斗的胜利，贡献自己的一份力量。”1月22日晚，15名来自中国科技大学附属第一医院（南区）急诊科的医护人员，依次在请战书上签下了自己的名字。

张连荣是其中一员，她说：“急诊科作为第一线，责任重大，当时我毫不犹豫地签字了，也没有和家人商量。”在急诊科工作了20多年，张连荣已经记不清多少个春节是在医院度过的，今年她将再次在抗击疫情一线迎来新年。

像张连荣一样请战加入前线救治的医护人员还有很多，他们在纸上写下一句句饱含决心和信心的话语，按下一个个鲜红的手指印，等待加入一场与病毒的残酷拼杀。没有人比他们更了解这场疫情有多危险，但他们仍然选择勇往直前。

1月18日，武汉大学人民医院呼吸与危重症副主任医师张旃瞒着丈夫，向武汉大学人民医院党委递交了请战书。自 2019 年 12 月武汉市发现多起病毒性肺炎病例以来，张旃便参与相关患者的救治工作。在上交请战书之前，她所在科室已治愈出院了两批有呼吸困难症状的患者。其中 6 位患者，检测结果均为新型冠状病毒感染的肺炎。她向上级请求停掉她的专家门诊，申请长驻在留观室，直面疫情。

很少有人知道，张旃曾参加过 2003 年抗击非典的那场战役。经历过非典的洗礼，面对此次疫情，她显得更为沉着冷静。她说："2003 年的非典在正确科学地指挥下很快得到了控制，相信这次我们同样能够打赢疫情防控阻击战。"

健康所系，性命相托。《医学生誓言》里写道："我决心竭尽全力除人类之病痛，助健康之完美，维护医术的圣洁和荣誉，救死扶伤，不辞艰辛，执着追求，为祖国医药卫生事业的发展和人类身心健康奋斗终生。"递上一封封请战书的广大医务工作者，无疑是这一誓言的完美践行者。

暴风骤雨将来之时，也是英雄华丽嬗变之日。每个时代都需要自己的英雄，当困境召唤每一位勇敢者决然向前时，广大医护人员即刻迎难而上。此时此刻，他们的所作所为应当被牢牢地铭记，应当将其刻入每个人心中。

1月23日 第3天 累计确诊571例 现有疑似393例 累计死亡17例

武汉，封城！

没有人能界定到底是从哪一刻起，连呼吸都被裹在未知的风险里。一时间，口罩成为全民必备品。

“全世界都知道武汉被隔离了，现在只有武汉不知道武汉被隔离了。”这句曾经流传在武汉朋友圈里的话，现在看来，真是一种隐喻。

为了遏制疫情态势进一步恶化，1月23日凌晨2时，武汉市新型冠状病毒感染的肺炎疫情防控指挥部发布通告：自23日10时起，全市城市公交、地铁、轮渡、长途客运暂停运营；无特殊原因，市民不要离开武汉，机场、火车站离汉通道暂时关闭，恢复时间另行通告。

武汉，正式封城。

尽管武汉市市长周先旺在接受媒体采访时表示，他理解的“封城”是指不让体温异常、可能被新型冠状病毒感染的人群进出城，而不是不准生活在武汉的1000多万人进出。

从封城公告发布到执行，8个小时的时间里，有人天不亮就赶到了火车站，在一个接一个的窗口追问是否还有离开的车票；有人跑遍城中

武汉封城，往日热闹的黄鹤楼周边陷入沉静　　郭良朔 / 摄

的药店，希望可以买到一只口罩；有人闭门待在家中，不停刷着新闻。

超市中陈列的 84 消毒液和新鲜蔬菜在上架的几小时之内被抢购一空，街边的大多数餐馆一夜之间拉上了卷帘门，一些为了生计的出租车司机游荡在几乎空无一人的马路上。

据中国铁路武汉局发布的数据显示，“封城”的前一天，近 30 万人次乘坐火车离开这座城市。在往后的很长一段时间里，这些有幸“逃离”武汉的人，在他乡默默承受着别人投来的异样眼光。在尊重与恐惧之间，并不是每个人都能选择前者。

不论是围城内的人，还是离开或者回不去的人，一种情绪在蔓延：寄希望于时光倒流或者时光飞逝，却不得不陷入当下的惆怅中。

那些留在城里的人们，不得不面对另一种困境：发热门诊依旧排着长龙，很多人无法确诊入院；必须上班的医务工作者面临没有交通工具的尴尬；外省大量运输物资的车辆无法入城。与此同时，一些司机在酝酿成立志愿者车队，接送医护人员；火神山医院的建设者们正在集结；摄影师拿起相机记录城市从“死寂”走向重生的影像……

武汉城里，千万市民处于慌乱、迷茫、无措中，然而，善意、勇敢、力量也同时在萌生。

1 月 24 日　第 4 天　累计确诊 830 例　现有疑似 1072 例　累计治愈 34 例　累计死亡 25 例

除夕·出征

大年三十晚，年夜饭的菜刚上齐，上海市第一医院副主任医师汪伟的手机铃声响起。“8 点半到医院集合，出发去武汉。”“好的。”一个果断的回答后，汪伟放下筷子起身与家人告别，没有更多的话语，唯有“珍重”二字。

1 月 24 日，在接到国家卫健委通知组建医疗队援助武汉后，上海各大医院医护人员主动请战，来自 52 家医院的 136 人迅速集结完毕。他们大多来自各个医院的呼吸科、感染性疾病科、医院感染管理科、重症医学科等专业科室。在这个阖家团圆之夜，他们要连夜赶往武汉，支援前线。

同一个夜晚，南国广东，128 名医护人员集结完毕，出发目的地：武汉。发展迅猛的疫情就像一声命令，医务工作者没有丝毫犹豫，迅速行动，踏上“战斗”的征程。他们中有多名队员曾经在 17 年前抗击过非典，面对此次更为严峻的新冠肺炎疫情，更是毅然请战。

南方医院原小汤山医疗队队长郭亚兵，带领医疗队员，写下“若

浙江武义县第一人民医院医护人员出征湖北，全国各地医疗队也陆续出征

有战、召必回、战必胜”的诺言；中山大学附属第一医院感染管理专家刘大钺、重症医学专家吴健锋曾在“抗非”一线奋战，还参与过MERS（中东呼吸综合征）阻击战，此次更是义无反顾再启程。

这个除夕夜注定不寻常，新冠肺炎疫情牵动着全国人民的心。有人已经星夜兼程，更多人依旧守候春晚。在那个以浓烈喜庆为标志的舞台上，在原定安排的节目表之外，主办方临时增加了有关抗击疫情的节目——《爱是桥梁》，或许没有什么比讲述爱更能化解人们对疫情的恐惧和焦虑，也没有什么比爱更加有力和充满善意。

当然，偌大的中国，还有更多汹涌澎湃的力量正在酝酿——95后的上海小伙顾羚耀，2014年至2018年在武汉科技大学护理系就读，对武汉具有深厚的感情。他说：“我的大学同学绝大多数都在武汉四大医院的急诊ICU工作。武汉现在医护人员紧张，我想过去帮忙，和我的同学一起并肩作战。”

庚子年除夕之夜，有太多印象深刻的事情可供人们记下，全国上下都在调动力量去解救困在疫情中的人们。这一晚，有人阖家团聚幸福开怀，有人关注武汉故事心情跌宕，有人选择出发奔向疫情核心区。除夕夜，辞旧迎新的古老寓意里，似乎也暗自昭示着，我们可以期待一个崭新的变化。

1月25日　第5天　累计确诊1287例　现有疑似1965例　累计治愈38例　累计死亡41例

保卫北京

1月25日，大年初一的北京，原本就冷清的城市越发空寂。受疫情影响，八达岭长城景区和故宫博物院等诸多旅游景点暂停开放。昔日长城上、故宫里游人攒动的热闹景象，今年则被一片寂静取代。

而就在前一天，北京启动了重大突发公共卫生事件一级响应。这座拥有2151万人口的超大城市，此刻已经进入高度警惕的状态。

17年前的非典疫情让北京这座城市曾经那样地疼痛过，不必太用力，疼痛的记忆瞬间被唤醒。经验和教训仿佛还在眼前，今天的北京已经没有再次沦陷的理由，保卫北京，警报已经拉响。

1月25日起，北京首都国际机场、北京大兴国际机场、客流较大的地铁站，如北京站、北京南站、西单等地铁站，启动对抵京人员和乘客的体温检测措施。严峻的防控形势下，北京市人员密集的公共交通场所已经及时拉起防护网。

面对不断刷新的新冠肺炎确诊病例数字，北京市各级医院也已经部署开展了严密的防护工作。作为北京市新冠肺炎救治三家市级定点医院之一，地坛医院责任重大。

重症医学科（ICU）主任刘景院医生，从接诊第一例患者开始，就始终坚守在一线。他的一位同事介绍，正月初一刘景院刚下了科里的一线班，又要接着值医院的三线班。在全家团圆的时刻，刘景院至少连续36个小时在病房默默守护。因为不能回家，除夕那晚，他的亲人们把做好的一桌年夜饭和一家人团聚的照片发给了他。就这样，他在医院里度过了这个春节。

医护人员的辛苦，被有心人看在眼里。经营北京龙人居餐厅的夫妻，从电视上看到一线医护人员忙碌的工作状态后，决定分别给解放军总医院第一附属医院和北京市潞河医院送去三峡鱼套餐，以表达他们对医护人员的感谢。要知道，龙人居的水煮鱼闻名京城，全市几家餐厅每天都爆满。当医护人员吃到口味独特鲜美的鱼后开玩笑说，平时可不容易吃得到哦。夫妻俩人说，医生为我们防护，我们为医生送饭。

在医护人员、社区工作者、民警等多方努力下，截至2月25日，北京市9个区连续10天无新增病例，并实现连续两天病例零增长。与17年前应对非典相比，北京明显多了些从容。

1月26日　第6天　累计确诊1975例　现有疑似2684例　累计治愈49例　累计死亡56例

口罩生产火力全开

春节期间，往日热闹不再，打开手机，一条条武汉各大医院物资告急的信息不断弹跳出来，众多医院已近零库存。1月26日，中央提出要统筹调配全国资源，优先保障湖北省和武汉市防控急需的医护力量和防护服、口罩等物资。

口罩、防护服、医用手套……成百上千件的日消耗量牵动着成百上千家医用物资企业和员工的心。

“已到岗40多名员工，正在加紧生产防护服！”大年初一晚9点，湖北仙桃彭场镇誉诚无纺布公司老板周利荣嗓音略微嘶哑。虽然接连不断有客户提出购买意愿，但她都一一谢绝了。“少卖100万元，也要定点供武汉。”作为无纺布生产及加工出口量占全国近三分之一的城市，又因地理位置临近武汉，早在腊月二十九，仙桃就有13家企业率先复产。截至1月26日，35家企业开足马力，日生产口罩270万只，医用防护服2万件。

超声波切割原材料的尖锐声响、“咔嗒咔嗒”的缝纫机声像战斗的

企业加紧生产防护服　　毕春华 / 摄

号角，不约而同响彻全国多家医用物资的生产车间。

天津滨海新区的泰达洁净材料有限公司，4 条口罩滤材生产线自大年初二以来火力全开，60 多名工人和技术人员轮班坚守，每天 10 吨产能可供下游口罩厂商生产 700 万至 800 万只口罩。在上海等地，更有一批志愿者主动加入医用物资的生产中，分担一线工人超负荷的工作。

湖北省给工信部提供的需求清单，大致是每天 10 万件医用防护服。但是符合中国标准产能许可的只有 40 家企业，总的生产能力每天只有 3 万套。

没有防护服，就穿两层隔离服，没有 N95 口罩，就戴两层医用外科口罩……虽然医院每天都能接收到捐助的医用物资，但很多都达不到临床使用标准。增设检查组、开通检验绿色通道，在各省市监管局的督导下，医用物资生产一线的职工争分夺秒保质增量，为战“疫”最前线的医务工作者提供防护屏障。“多生产一件防护服，前线的白衣战士就多一重保护、少一分风险。”

1 月 26 日，1 万套防护服、3750 瓶医用酒精、1 万套鞋套等联勤保障部队首批防疫物资运抵汉口火车站，以最快的速度分发至武汉各大医院。

1 月 27 日　第 7 天　累计确诊 2744 例　现有疑似 5794 例　累计治愈 51 例　累计死亡 80 例

共同保卫武汉

1 月 27 日，大年初三，受习近平总书记委托，中共中央政治局常委、国务院总理、中央应对新型冠状病毒感染肺炎疫情工作领导小组组长李克强来到武汉，看望患者，慰问奋战在一线的医护人员。在武汉，总理前往火神山医院施工现场查看进度，走访菜场问菜价。

在武商集团超市武泰闸店，李克强与人们一道连声高呼，“武汉加油！”他向武汉市民拜年，祝福人们平安、健康、长寿。现场气氛十分热烈，每个人都感受到一种温暖的力量，一股坚定的信心。

此时的武汉，每个人都在全力以赴。为了帮助自己的城市脱离困境，数以万计的普通市民挺身而出，加入志愿者队伍在疫情一线奔波，用点滴之力为武汉撑起保护伞。

何辉便是这支庞大队伍中的一员。除夕前后，他主动加入志愿者车队，义务接送医护人员上下班。包括他在内的 40 多名志愿者，每天奔波于武汉市街头，为医生和护士开辟出一条出行“绿色通道”。人们把像何辉这样的车队志愿者称作“摆渡人”。据统计，武汉市这一群体的人数已超过千人，他们用无形的船桨在这座城市摆渡着温暖与善意。

然而，“摆渡人”将一批又一批人渡向彼岸，自己却永远留在了此岸。2 月 3 日下午 4 时，志愿者何辉因感染新冠肺炎不幸逝世，他的人生永远定格在了 54 岁。当晚，这条消息在各志愿者车队间流传开来，同为车队志愿者的王斌看到消息时，感觉心一下子堵到了嗓子眼。

王斌并不认识何辉，但听说何辉的事情后感同身受。在短暂的沉默与悲伤后，王斌仍然选择再次上路，他说：“当我把捐赠的物资送到需要的人手中，他们感激的眼神，让我的疲劳和恐惧一下子就消失了。”

何辉虽然倒下了，但武汉和武汉之外，还有成千上万个像他一样的志愿者在将勇气和善良接力下去。志愿者张佳琪说：“几乎所有武汉人，都在为保卫自己的城市而行动。”

张佳琪之前从事大巴车租赁调度工作，武汉实施交通限制后，他第一时间开上自己的车加入志愿者队伍，义务接送医护人员上下班。他每天平均要跑十个小时左右，只要群里有人提出需求，他就会去。有的医生凌晨一两点下夜班，只要在志愿者群里呼叫一声，张佳琪或群里的其他司机看到了就会去接。他所在的志愿者群里有 100 多人，其中既有出租车司机、货拉拉司机、滴滴司机，也有普通的私家车车主。他们的想法都很简单，即尽力为自己的家乡做一点事。

2 月 23 日上午，武汉市新冠肺炎疫情防控指挥部在全市范围内专项招募志愿者，截至下午 5 时许，全市志愿者报名人数突破 1 万人。粗略估计，自疫情发生以来，全市在社区 (村) 服务的志愿者已有 5 万人。这些分布在武汉各个地方的志愿者，正在聚集起一点一滴的光与热，守护好这座城。

武汉街头，一个电子广告牌打出了“宅”字　　郭良朔／摄

*1月28日　第8天　累计确诊 **4515** 例　现有疑似 **6973** 例　累计治愈 **60** 例　累计死亡 **106** 例*

“娘家人”来了

1月28日，武汉封城第5天，疫情防护物资拉响了紧缺的警报。武汉及湖北其他地市的确诊数字不断攀升，一“罩”难求、一“剂”难购的问题愈加凸显。

危难时刻，8辆满载着200吨消毒剂的货车出现在了湖北孝感、仙桃、天门、荆州、潜江等地，带着全国总工会对湖北职工的深情和牵挂，及时有效缓解了当地的物资需求。

当天下午，全总应对新型冠状病毒肺炎疫情工作领导小组同时在北京召开会议，要求坚决贯彻落实习近平总书记重要指示和讲话精神，坚决贯彻落实党中央决策部署，坚决打赢疫情防控阻击战。

在全国总工会的全面部署下，“娘家人”纷纷行动起来，捐款捐物援助处于风暴中的湖北。北京市总工会援助800万元，广东省总工会援助300万元，安徽省总工会援助330万元……截至2月11日，全国已有10多个省（市）总工会及企业工会雪中送炭，累计援助资金达3500多万元。其中，全国总工会已直接投入900万元资金，组织安排200吨消毒液和价值 110 万元的医用物资、2 万只防护口罩驰援湖北一线防疫工作。为了确保援助款项公开透明，湖北省总工会简化发放程序，实行慰问对象实名制，让每一笔捐助款项发挥抗击疫情的最大作用。

在接受全国各地援助的同时，湖北各级工会和工会干部们率先行动了起来，加紧疫情防控的步伐，积极做好工会人的战“疫”答卷。

为让武汉火神山医院的工作者无战“疫”后顾之忧，武汉市总工会设立了火神山医院后勤保障专班，全面保障火神山医院 2300 余名医护人员和病人的餐饮供应。

为加紧抗击疫情的步伐，孝感市总工会全体人员 24 小时待命，随时掌握疫情变化的第一手资料，并充分利用工会影响和个人关系捐款筹物，全力争取抗击疫情钱物保障。

为了给奋战在抗疫一线的劳动者送去温暖关爱，仙桃市总工会累计发放慰问金 125.38 万元，先后慰问坚守疫情防控一线医护人员、社区参加疫情防控和监测工作的工作者，以及交通、供电、环卫等直接参与疫情防控工作的一线职工。

疫情暴发以来，湖北省各地各单位工会积极响应省总工会通知要求，工会主席带头，党员干部上阵，持续有序地参与疫情防控阻击战。

抗击疫情中的每一笔捐助资金、每一项保障政策，看似微小，却都是工会“娘家人”的一片真心，更是工会“娘家人”的战“疫”决心。

为缓解湖北各地消毒剂急用之需，全国总工会多方联系，采购了 200 吨消毒剂作为第一批捐赠物资运抵湖北荆州、孝感、仙桃、天门、潜江等地　　江汉油田工会 / 供图

1 月 29 日　第 9 天　累计确诊 5974 例　现有疑似 9239 例　累计治愈 103 例　累计死亡 132 例

这里是大庆

1 月 29 日，大庆油田防控新型冠状病毒感染肺炎疫情工作领导小组召开第一次会议。即使面对严峻的疫情，大庆油田依然在 2020 年首月完成了国内油气当量 299 万吨，其中原油 260.72 万吨、天然气 4.83 亿立方米。在做好疫情防控的同时，实现油气生产平稳运行，为全年实现油气当量 4000 万吨持续稳产奠定了基础。

油井旁、井架下、车间里……大庆油田的员工们用实际行动诠释着关键时刻石油人的责任与担当。

“队长，站里液量下降了。”“别急，我还有 10 分钟就到队里了，咱俩上井去看看有没有漏点。”采油二厂第五作业区采油 2–20 队队长常铁成接到副队长的电话时急忙回复。在此之前，常铁成早已申请在单位连班直至正月十五。

“今年这个春节挺特殊，所以一定不能再有啥‘特殊情况’了，我们都得打起十二分的精神！”采油二厂第五作业区聚南 2–3 中转站员工刘元春感同身受，丝毫不敢放松。

1 月 29 日晚 8 时 30 分，龙虎泡采油作业区采油二队队长王鹏和技术员金星宇戴着口罩挨个给计量间、阀组间和值班室巡检消毒。“隐患和病毒，一个也不能有！”

春节期间，近 2500 名钻探铁军依然作业在大庆、松原、川渝、塔里木、伊拉克等地区，很多队伍甚至处于疫情区域。然而，在严峻的挑战下，大庆钻探工程公司生产的队伍总数创下了历年新高，同比增加 20 支，实现年进尺 30.9 万米、完井 265 口。

为了保证油田的持续作业，更有无数的职工保障着一线工人的大后方。每天清晨 6 点，保洁员王宝成准时出现在属于他的路段，每天至少要进行 3 次全面消毒。驾驶员张晓光也会每天按时等候在各个路口，驾驶通勤车接送员工上班。

农历大年初一，油田总医院 3200 余名干部职工接到了停止休假、返岗工作的通知，一声召唤，医护人员火速集结。此后，2 月 12 日，30 名医护人员支援湖北孝感；2 月 15 日，15 名医护人员支援湖北武汉；2 月 17 日，10 名医护人员支援哈医大一院……

突如其来的疫情，让所有人的心贴得更加紧密。大庆油田第九采油厂新站作业区员工王鑫宇创作了歌曲《逆风而行》，致敬大庆人的坚守与奉献，只因他们站立的地方，叫大庆。

1 月 30 日　第 10 天　累计确诊 7711 例　现有疑似 12167 例　累计治愈 124 例　累计死亡 170 例

“董小姐”的火速增援

1 月 30 日，武汉，华中科技大学协和江北医院。30 岁的女护士董婷婷第一次走进重症室，如同第一次上战场，紧张、悲壮。

董婷婷是 4 天前随同辽宁首批驰援湖北医疗队来到武汉的。报名那天，这位盘锦辽河油田总医院重症医学科副护士长主动请战，成为 137 名医护人员中的一位。到武汉的第二天，医疗队成立了临时党支部，40 多名医护人员连夜写了入党申请书。

重症室有 14 名患者，每个人身上都有六七个泵，董婷婷不仅要做好医疗护理，还要帮他们翻身、叩背、收拾大小便。她身高不到一米六，最艰难的活儿是为患者更换氧气筒，一个人搬不动，只好顺着墙根一点一点滚着往病床挪。防护服几乎密不透风，每换一次氧气筒都要累出一身汗，一个班次下来至少要换四五个氧气筒。

最危险的工作是替重症患者吸痰。一位 70 多岁的老大爷，因为肺部感染，痰液时常堵塞气道，每两小时就要有人为他吸痰一次。为了避免意外感染，董婷婷除了穿上日常防护装备之外，还要戴上三副胶皮手套。防护到位了，但却给操作带来很大难度。为了操作到位，就更需要细心再细心，没几分钟，董婷婷就会全身出汗，护目镜上产生水雾。但不管多难多危险，董婷婷觉得，既然自己穿上了这身白大褂，就要尽职尽责地肩负起救死扶伤的使命。

2月8日是元宵节，医疗队驻地特意给医护人员准备了汤圆。不过，更让董婷婷高兴的是，她护理的一位70岁老大爷病情好转了，这让她一整天都乐呵呵的，精神头儿也特别足，甚至感觉还可以再连干一个班。老大爷转入普通病房那天，还专门和董婷婷拍了一张合影。

不过，伤心的事情也在发生。重症室收治了一位74岁的老人，他除了感染了新冠肺炎还患有急性肾功能衰竭，需要血液过滤治疗，董婷婷需要付出相当于照顾其他患者两倍的工作量。可惜，这位老人最终还是去世了。在把老人推出重症室的那一刻，董婷婷无助地哭了很久。

重症室里的时间过得特别快，转眼就快一个月了。2月20日这天，董婷婷喝到了辽宁家乡的辉山牛奶。辽宁医疗队共有2030名医护人员，这批捐赠的牛奶足够每人每天3袋，整整能喝一个月。牛奶包装箱上还有这样两句话：牛奶是捐的，随便喝；医生是借的，还回来时一个都不能少。

在数以千计的辽宁援鄂医护人员中，董婷婷的故事只是所有医疗队队员的一个缩影。尽管经济总量、人口数量与广东、江苏、山东相差很大，辽宁这次支援湖北却精锐尽出，把最好医院里的最好医生都送去了武汉，连医院的院长都送去了雷神山医院，以至于大连全市医院的门诊都关了，只留下急诊接待治疗。在对口支援的襄阳，网友们这样留言感谢来自辽宁的医护人员：“疫情过后，襄阳妹妹带宁宁哥哥尝尝孔明菜，逛逛古城墙，看看古隆中。”

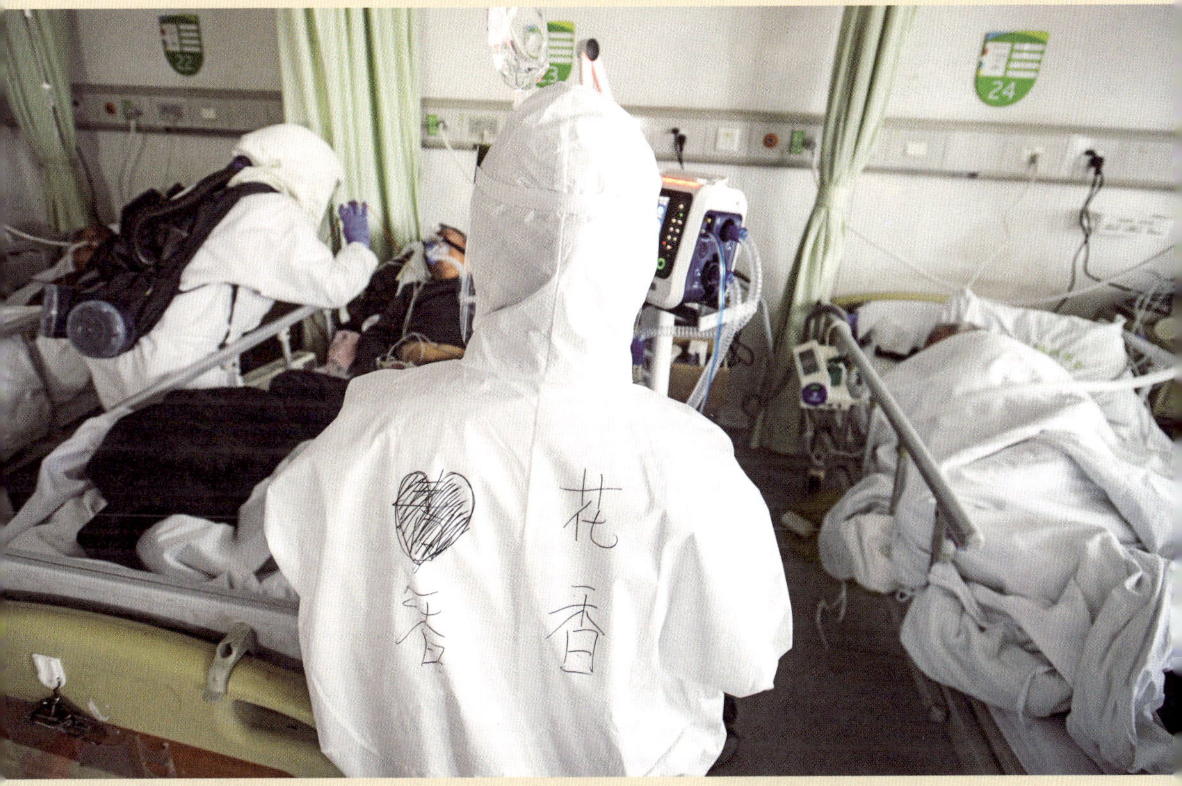

在武汉医院隔离病房内，一名护士正在为患者做治疗　　胡冬冬 / 摄

1月31日　第11天　累计确诊9692例　现有疑似15238例　累计治愈171例　累计死亡213例

武汉拿铁

1月31日，正月初七，武汉街头早已不复往日喧嚣，偌大的城市静悄悄的。但在武汉市钟家村附近，外卖员杨虎却忙得团团转，他不停地在手机上接单、发单，并分配同事们外送。下午，他们要送一份500盒快餐的“大单”，从饭店送到发热患者定点收治医院。

从大年初三开始，杨虎和其他外卖员就开始为武汉的医院免费送餐。他所在的外卖平台平均每天免费送餐1500份，他说：“救死扶伤的白衣天使非常辛苦，这些单我们免费送。”

为一线医护人员送去热腾腾的饭菜饮料，做点力所能及的事情，共同帮助武汉渡过难关，冥冥中成为疫情防控时期许多武汉市民的共同选择。

从1月23日开始，武汉市盘龙城餐饮店老板娘邱贝文坚持每天为医院送餐，短短一周就送出去3000多份订单。她说：“医护人员冲在战疫的最前线，不能连口热饭都吃不上。我们不伟大，只是做些力所能及的事。”

武汉抗疫志愿者帮值班医护人员买食物　　高兴贵 / 摄

邱贝文介绍，大部分医务工作者都非常贴心，为了减少和她的接触，他们总是让她把餐食放在医院大门口自己来取。令她印象最深的是一位 23 岁的护士，她看到邱贝文之后远远地和她打招呼，大声叫着："姐姐，姐姐！"邱贝文说："前一秒钟还是惶恐的我，就在那一刻变得坚定起来。"

与盒饭比起来，咖啡或许显得不是那么"必需"，但是武汉光谷 Wakanda 咖啡店却坚信，一杯咖啡对医护人员也同样重要。从武汉封城的第三天起，这家咖啡店为一线的医护人员免费送去了累计超过 8000 杯"武汉拿铁"。

咖啡店老板田亚珍在了解到很多医护人员相继被感染后，很是为他们担忧，于是决定，将每天送往医院的"中国拿铁"改为"武汉拿铁"。

她在她的咖啡日记里曾写下这样一段话：每天在去医院送咖啡的路上，我们看到农民把自己种的菜直接拉到医疗队，小饭馆的老板为医护人员送几百份饭菜。我们见到了很多"逆行者"，我们只是做了我们该做的事情，这只是一个中国人该有的样子罢了。

光谷 Wakanda 咖啡店的故事在朋友圈里不断发酵，有人发起"云买单"活动，即购买咖啡请医护人员喝，他们用行动支持这样的暖心咖啡店永远经营下去。

2 月 1 日 第 12 天 累计确诊 11791 例 现有疑似 17988 例 累计治愈 243 例 累计死亡 259 例

10 天，交付！

在 3.39 万平方米的土地上，10 天之内，能容纳 1000 张病床的火神山医院拔地而起，2 月 1 日，不负众望，正式交付！

土地平整、管道开挖、机电作业、设备安装，建设高峰期间，有 4000 多名建设者奔忙在现场，全程 24 小时不间断施工。虽然作业都为轮班制，但很多工人一连几天“钉”在现场，被强制要求才肯换下来，甚至有拉着施工材料等待进入现场的货车司机因害怕耽误施工进度而不敢下车买饭。参与火神山医院建设的施工人员，除了中建三局等主力队伍，还有从外地赶来的其他兄弟单位，更有自愿加入的父子民兵等志愿者，分秒必争地上演着生死时速、刷新着中国速度。

“基建狂魔就是基建狂魔。”湖北楚天音乐广播的一位主持人在封城后曾用摄像机记录下了施工的画面：一顶顶红色白色的帽子、一件件荧光色的马甲在一眼望不到头的泥泞中奔忙着，分不清他们脸上闪着光的，到底是雨水还是汗水。他说，这是自己第一次不讨厌渣土车的着急忙慌，“甚至内心充满着尊敬和感动”。

建筑工人在火神山医院工地上浇筑水泥　胡冬冬 / 摄

在火神山医院施工工地上，一名工人精疲力竭，靠在土坡上睡着了　　胡冬冬 / 摄

和他一样关心着建设进程的，还有无数热心的网友们。因为央视频道全天候的实时直播，他们从“百万包工头”进阶到“千万云监工”，在艰难的施工期，给予一线工程建设者们不间断的支持与鼓励。施工现场还一度收到了“春节礼物”——热心人士送来的上万个口罩。

对广大云集的网友来说，机器的轰鸣声，似乎能暂时掩盖远方的哭声。曾有媒体人这样写道：少数人以自己的英勇，慰藉着大多数人的善良，并救援着因极少数人的恶导致的无助。

然而，人类历史就是一部不断遭遇灾难又不断重建的历史。“没想到小汤山医院的图纸还能再用一次，虽然我们不希望它再被使用。”在小汤山医院设计者、现已 79 岁高龄的黄锡璆的带领下，曾经的设计团队时隔 17 年再次集结，并随时为火神山医院建设提供建筑、结构、给排水、医用气体、暖通、电气等各领域的技术支持。

大家都希望技术可以再次提供庇护，希望火神山医院也能像当年的小汤山医院一样，在实现医护人员零感染的基础上，快速治愈患者。

更多类似火神山医院的其他各省隔离点，也在此之后陆续建成，给予患者生的希望，慰藉一颗颗恐慌的心。

*2 月 2 日 第 13 天 累计确诊 **14380** 例 现有疑似 **19544** 例 累计治愈 **328** 例 累计死亡 **304** 例*

外卖小哥镇定城市的心

一则只有 39 个字的确诊病例通报，骤然之间把一个庞大的职业群体推到社会的聚光灯下。自我隔离在家里的人们猛然发现，那些每日穿梭在街巷里的外卖小哥，承受着比常人更多的感染病毒的风险。

2 月 2 日，深圳市疾病控制预防中心发布 3 例社区传播病例，感染者均无明确暴露史。依照公布顺序，前面两位女性确诊病例没有公布职业身份，但在通报第三个确诊病例时，“外卖”成为出现两次的关键词——“年轻男性，是一名外卖员，根据流行病学调查显示，没有明确接触史，发病之前一直在深圳送外卖”。

互联网信息浩瀚，急速放大着人们接收外卖的恐慌。很多住宅小区第一时间向外卖小哥亮出“红牌”，拒绝他们进院上门送货。无论刮风下雨，外卖小哥们只能焦急地等在栅栏门外，这意味着他们无法像平时那样奔跑着工作，送达同样一笔外卖需要付出更多的时间。

在最初的恐慌过后，越来越多的人们开始向外卖小哥给予更多的敬意。这样的一幕每天都在发生——当曾经赚到盆满钵满的“××系”

武汉疫情发生后，网购成为保民生的一个重要方式　　高兴贵 / 摄

医院闪遁无影的时候，那些和救护车一道穿梭的外卖小哥还在，那些把最急需的生活用品送到隔离小区门口的外卖小哥还在。“中国工人”微信公众号的一篇关于外卖小哥的社评下面，有读者这样留言：“感谢疫情下没有给自己按下‘暂停键’的骑行侠，因为有他们，我们才得以与外界连接，才感觉生活在运转。”

从武汉封城开始，中国社会消耗巨大人力和财富，用最大范围的隔离建立起生命的“安全区”。不过，人们无法想象外卖小哥、快递小哥也给自己按下“暂停键”，因为再黑暗的险境，都需要有人代替躲藏起来的人们行走。

看上去，外卖小哥仅仅是一个为生计奔波的平凡者，但他们的样子就是我们大多数人的样子——对生活充满希望，危机来临时勇敢承担责任，在被击倒之前不停奔跑。从这一意义上说，我们需要找到那位最早确诊感染的深圳外卖小哥，把他的名字和他的经历记录下来，让它成为这场充满悲壮的历史长歌中的细节和脚注。

2 月 3 日　第 14 天　累计确诊 17205 例　现有疑似 21558 例　累计治愈 475 例　累计死亡 361 例

最艰难的复工

除了湖北地区，大部分国人史上最长的春节假期结束了。

2 月 3 日，这是原本应当返回工作岗位的第一天，但是，空空荡荡的高铁车厢，急剧压缩的空中航线，寂寥无人的城市街巷，都显示出这将是一次史上最艰难的复工。

这是武汉封城后的第 13 天，确诊病例和疑似病例的数字仍然在攀升，更严格的防疫举措继续在推出。这场防疫攻坚战的结束，显然尚需时日。它每延长一天，都是对中国社会危机管理能力的考验。

2 月 3 日的“环球时报”微信公众号披露了发生在天津的百货大楼聚集性疫情。一位家电售货员确诊感染以后，她的丈夫和另外两位售货员、一位顾客相继发病。经过严密的分析搜索，5 起确诊病例之间建立起流行病学联系。天津市疾病预防控制中心传染病预防控制室主任张颖直言警告：“呼吸道传播的传染病是不知道谁携带病毒。”

19 天后，再次公开亮相的张颖已经是天津市疾控中心副主任。多位抗疫一线官员“火线提拔”，从另一个侧面显示出这场抗疫之战的艰

国贸是北京上班族聚集的地方，疫情之后，这里往日忙碌的景象早已不见　　韩靖 / 摄

难程度。互联网上，开始出现中小企业生存艰难的声音。山东临沂的一位旅行社经营者称，从腊月二十九到大年初二，她和员工一直在处理客户退款。而在河北省井陉县的华夏国际影院，2500 平方米的放映空间大门紧闭。

显然，在被新冠肺炎强行按下“暂停键”以后，一些中小企业的员工，一些直接为城市生活提供服务的个体劳动者，都被迫陷入“待业”状态。订单和客源的中断导致坐吃山空，房屋租金、员工工资和社会保险的压力逐渐加大，现金流被拦腰截断。

幸运的是，推动恢复正常生产经营的力量开始出现。

在北京，时尚街区北京坊宣布免除商户 1 月 25 日至 2 月 25 日的租金，北京市政府更是一口气推出 19 条措施，明确提出企业因受疫情影响导致生产经营困难的，尽量不裁员或者少裁员。类似的做法正在推广，从上海到苏州，更多的地方政府全力“救市”。

在史上最艰难的复工开始之际，“中国工人”微信公众号刊发社评，呼吁各方星火燎原，让忧心饭碗的劳动者等到春暖花开。毕竟，中国太大了，即便看上去仅是微薄之力，汇合起来也是大江大河。正像钟南山院士所说，“劲头上来了，很多东西都能解决”。毫无疑问的是，这种劲头正在加速上来。

2 月 4 日　第 15 天　累计确诊 20438 例　现有疑似 23214 例　累计治愈 632 例　累计死亡 425 例

在方舱，生活继续

当冯光乐接到建设方舱医院任务的时候，留给他的时间只有 30 多个小时。2 月 4 日晚，武汉国际会展中心必须全部改造为一个有 1600 张床位的方舱医院。这是一个前所未有的挑战，作为首批方舱医院的项目负责人，冯光乐没有时间犹豫。2 月 3 日晚 7 时，冯光乐带领团队对现场上万平方米的场地进行面积复核，并将复核后的尺寸重新上机出电子版施工图。晚上 11 时，三套设计方案被飞速赶制出来。

按照设计方案，整个方舱医院有 1600 张床位，每 50 张床位为一个病区，由免漆板隔断，分区施工。2 月 4 日上午，数百位工人赶到现场，抡起铁锤固定床位与板材，叮叮当当声冲天响起。经过 32 个小时通宵奋战，如期完成方舱医院施工任务，并成功退场。

2 月 5 日晚 10 时，武汉市江汉区武汉国际会展中心作为首个“方舱医院”正式开始接收新型冠状病毒感染的肺炎轻症患者，并且有了全新的名字——江汉方舱医院。

付先生是进入江汉方舱医院的第一批患者。入住后，为了排解无

两名工人正在方舱医院建设现场工作　崔萌 / 摄

聊，他随手拿起手边的一本书阅读，没想到，他看书的画面正好被媒体拍下，照片一下子传遍了互联网，甚至还传到了国外。对此，付先生说："我平时就很喜欢看书，这本书纯粹是因为兴趣爱好，压根没想到自己会在网上走红。"住院期间，付先生还结识了志愿者李甜一家三口。2 月 6 日，住进方舱后，李甜便当起了方舱医院志愿者，帮助护士分发食物、力所能及地照顾患者生活起居、将患者的心声转达给医生和护士、参与线上开会等。在方舱医院内 20 天相处下来，付先生与李甜一家人结下了深厚的友谊。

如果说，患者们刚入住方舱医院时还有些惶恐和不安，那么一段时间后人们便意外地发现，方舱医院内已经构建起了一套独特的生活秩序。在这里，有患者跟着来自新疆的支援医生欢快地跳起新疆舞；也有患者在各个病区小组长的带领下做健肺操、练习八段锦；更有患者安然地读书、看电视、唠嗑。

方舱医院不是被遗弃的孤岛，相反，人们在这里互帮互助，过出了一番别样的生活。在方舱，生活在继续；出方舱，生活仍在继续。

2月5日 第16天 累计确诊24324例 现有疑似23260例 累计治愈892例 累计死亡490例

力保武汉生命线

在闭门不出的家庭，在空旷寂静的街道，在与病毒奋战的医院，日夜不停歇的是电源的持续供应，是足以驱散黑暗的光明。维持电力24小时运转的，是一支支逆行而上、舍小家顾大家的保电队伍。

疫情来袭，电力系统迅速转入战时状态，截至2月5日，国网湖北电力已全面完成包括雷神山、火神山在内的95家医院等重要用户电力配套设施新建工程。火神山医院1天可供35万千瓦时电量，用电容量相当于4000户居民的用电容量。雷神山医院满负荷运行的情况下，供电总容量相当于近5000户居民用电容量的总和。驻点、巡检，频繁出入于高危区的电力运维人员，早已学会熟练地穿上厚重的防护服。

每送1度电，对疫情防控意味着什么？

一度电可以生产100多只医用口罩、10升消毒液、3套防护服。而每度电背后，是没日没夜抢工送电的供电员工，是跋山涉水巡线的跑山电工，是全神贯注紧盯屏幕的电力调度员，是使命必达的配电抢修工。

“现在情况特殊，留在武汉的人少，单位正是人手紧缺的时候，我

国网武汉供电公司员工在雷神山医院建设工地敷设电缆　　左卫兵 / 摄

能上，就我来。”城市进出通道关闭后，湖北武汉供电公司电缆运检一班青年员工余年春更加频繁地开着“黄皮卡”，为武汉电网电缆主网线路保驾护航。每日巡视几十公里的电缆线路，对十几处电缆终端及中间接头进行测温、测环流，并通过数据进行状态评估，做好记录。

龚毅是湖北武汉供电公司武昌配电运检室配电抢修班的班长，家住单位附近的他，常常被人羡慕能“步行上班”。自此次疫情发生以来，龚毅就常驻在了配网抢修指挥中心内。“吃饭，顾不上；回家，没时间。”

克服了雨雪冰冻恶劣天气、克服了封路限行等叠加压力，1 月 24 日至今，武汉供电公司坚守疫情防控的电力“生命线”，累计出动人员 97472 人次、车辆 13489 台次投入防疫情和保供电工作，全面完成省防疫指挥部、方舱医院等 69 家用户配套电力工程，新增变压器 88 台、环网柜 22 台，敷设电缆、护套线近 60 千米。

隔离病毒，但光与热的流动却从未中断。

疫情防控期间，武汉市每天供水、供电、用气、用油、通信等运行板块同时有 2.4 万人在岗，其中 1.4 万人冲在一线。

“保障城市生命线不能出任何差错！”经武汉市政府重点办统筹调度，水务、交管等部门紧密配合，污水处理药剂、油品、消毒液……各种运输车辆正源源不断集结武汉，为默默坚守岗位的城市守护者，提供有力的支持和援助。

*2 月 6 日　第 17 天　累计确诊 **28018** 例　现有疑似 **24702** 例　累计治愈 **1153** 例　累计死亡 **563** 例*

防护知识线上送

2 月 6 日，国家发展改革委、人力资源和社会保障部、工业和信息化部和全国总工会等四部门联合印发《关于应对新型冠状病毒感染肺炎疫情支持鼓励劳动者参与线上职业技能培训的通知》，将免费开放线上职业技能培训资源，提升线上职业技能培训资源质量，不断完善线上职业技能培训配套服务。

随着疫情的蔓延，复工周期被不断拉长，线上职业技能培训成为刚需。

其实，早在疫情暴发之初，运用新媒体为职工提供线上防疫知识的工会行动就已经开启。

1 月 29 日至 2 月 2 日，在中国工人出版社和全国各省级工会、部分全国产业工会及新疆生产建设兵团总工会等联合指导下，《中国工人》杂志社、全国工会电子职工书屋联合 46 家全国工会主要新媒体，共同开展全国职工新冠肺炎防控知识线上有奖竞答活动。活动历时 5 天，共计有 152 万人次参与了线上竞答。

一天后，由全国总工会应对新型冠状病毒感染肺炎疫情工作领导小组办公室组织编写、中国工人出版社出版的《新型冠状病毒职工防护知识50问》又一次通过“中国工人”微信公众号平台重磅发布，在全国职工中引起强烈反响。

为满足劳动者复工复产中的防护知识需求，中国工人出版社在72小时之内紧急完成了《新型冠状病毒职工防护知识50问》纸质版及音频版的出版工作。以简要的问答形式，从基础知识、工作场所、家庭场所和公共场所等四个方面对相关防疫问题做了通俗解答。其中，浓缩着复工复产内容的40分钟音频防护知识不仅免费上线，更利于全国职工传播学习。仅“中国工人”微信公众号关于音频版的推送文章，就已经累计77万多阅读量。

在防控疫情的关键时期，工会出版人和工会媒体人急职工之所急、想职工之所想，帮助职工用知识武装头脑，共同肩负起打赢疫情防控阻击战的职责担当。

*2 月 7 日　第 **18** 天　累计确诊 **31161** 例　现有疑似 **26359** 例　累计治愈 **1540** 例　累计死亡 **636** 例*

英雄牺牲岂止在战场

悲伤时刻终于来临。

2 月 7 日凌晨 3 时 48 分，“武汉市中心医院”官方微博发出消息——“我院眼科医生李文亮，在抗击新型冠状病毒感染的肺炎疫情工作中不幸感染，经全力抢救无效，于 2020 年 2 月 7 日凌晨 2 时 58 分去世，对此我们深表痛惜和哀悼。”

从前一天晚上 10 时许，李文亮去世的消息便在民间传播，官方发布的“正在抢救”四个字让千百万人午夜祈祷。当微弱的希望彻底破灭，迅即在互联网上引发了海啸一样的怀念。这种怀念当然包含着复杂的因素，在李文亮去世 10 个小时之后，国家监察委员会宣布，“经中央批准”，决定派出调查组赴湖北省武汉市对相关问题进行全面调查。

35 岁的李文亮生前曾经遭到武汉当地公安部门的训诫，并被要求写一份“不实消息外传”的反思与自我批评。他在接诊一位 82 岁急性闭角型青光眼女性患者时，感染了新型冠状病毒，1 月 24 日转到重症监护室。就在去世前 7 天，他在接受媒体采访时依然充满乐观，“等病

一位医护人员走出病房后在椅子上稍作休息，体力几乎透支　　崔萌/摄

好了，还上一线，不想当逃兵”。

2 月 7 日，国家卫健委发出了向李文亮医生表示深痛哀悼的公告。公告用了“逝世”这样的词汇，这显然要比武汉市政府公告中的“去世”更加庄重。在宣读国家卫健委公告的时候，发言人一度哽咽的画面，浓缩的是所有哀伤者的哀伤。武汉方面的行动也开始变快了，当天认定李文亮为工伤。但是，它显然把特殊时期的牺牲和日常工作的伤害混在一起了。

一天后，“中国工人”微信公众号刊发社评，直言“黎明前倒下的牺牲者不应只是‘工伤’，我们还有《烈士褒扬条例》”。毫无疑问，在抗击新冠肺炎疫情的危急时刻，对于不幸感染而献出生命的医护人员，只要他们真正做出了特殊贡献，就应当配得上“烈士”称号。

擦干同伴离去的悲伤泪水，成千上万的医护人员继续和死神忘我拼搏，默默拯救着武汉这座灾难中的城市。在最后胜利到来的时候，他们一定会得到整个神州大地的欢呼。但是，牺牲者已经在黎明前倒下了，告别了他们曾经深深热爱的生活。和平年代，英雄牺牲岂止在战场。不仅仅是医护人员，对于所有在抗疫战斗中为抢救、保护公民生命而牺牲的人，我们都应该想到《烈士褒扬条例》的存在。

2月8日 第19天 累计确诊34546例 现有疑似27657例 累计治愈2050例 累计死亡722例

集结雷神山，开工即决战

2月8日晚8时，位于武汉市江夏区黄家湖的雷神山医院，正式收治首批新冠肺炎确诊患者。1500张床位，32个病区，整装待发，迎战病毒。

十几天前，这里还是荒芜一片。

1月25日，武汉市新型冠状病毒感染的肺炎疫情防控指挥部召开调度会，决定半个月之内再建一所“小汤山医院”，命名为武汉“雷神山医院”。

紧随火神山医院的建设步伐，雷神山医院建设一触即发。当一幢幢箱式病房拔地而起，令人惊叹的“中国速度”再次完美呈现。建设背后，凝结着一位位中国工人的星夜集结。其中，有300余位来自中建二局安装公司的建设者，他们不眠不休，为建设雷神山医院战斗了五天六夜。

2月3日上午，在接到援建武汉雷神山医院的紧急通知后，中建二局安装公司迅速集结308名援建人员，在3小时内确定了人员和物资，

国网武汉供电公司与时间赛跑，三天三夜完成了雷神山通电任务　　左卫兵 / 摄

组建了援建突击队。同时，还有来自山东、河南、河北、江西、四川等地的建设者，连夜“逆行”驰援建设雷神山医院。

这份紧急通知好似一份“通关文牒”，帮助公司项目经理李禾宜从湖北宜都赶回武汉，330 余公里的路程中，他经过了 10 余次检查，于当天下午 5 时成功到达了雷神山医院施工现场，成为公司第一位赶到现场的管理人员。他说：“疫情面前，作为湖北人，我要出一份力，为家乡做一点贡献！”

集结就是决战，开工就是冲刺。

2 月 4 日上午，300 余名建设者准时“开战”。为了将沉重的设备抬到指定位置，数十名工人喊着号子，一步一步艰难向前。为了抢时间，工人们伴着夜幕吃过盒饭后，又一头扎进施工作业中。他们额头上挂满了汗珠，却没有一人喊苦叫累。

从河北唐山赶来的施工员张明负责病房排水施工。4 天时间里，他连续 85 个小时没休息。2 月 8 日中午，调试前进行最后一次检查，张明带着工具与照明设备顾不上膝盖与手肘的瘀肿，在地下的隔层中一查就是 8 个小时。在这段时间里，他匍匐前进了 3000 米，将施工区域内的大小管路查了个遍。爬出地面，张明深吸几口气，倚着病房墙板，用手臂撑着膝盖慢慢站起来感叹说：“终于可以痛快地喘口气了！”

五天六夜，中建二局安装公司的 300 余名建设者日均休息 3 个小时，他们以铁的纪律和铁的作风兑现了承诺，为医院早日投入使用，争取了时间。

*2月9日　第20天　累计确诊 **37198** 例　现有疑似 **28942** 例　累计治愈 **2649** 例　累计死亡 **811** 例*

“失控”的公交车

2月9日，武汉市34路公交车上，前往医院的30余名新冠肺炎重症患者度过了一个颠簸而又坎坷的夜晚。这个晚上，他们本应该稳妥地被送往定点医院接受治疗，但一场意料之外的乱局，打乱了他们的计划。

晚上10时30分，武汉市武昌区的30余名患者被安排乘坐公交车前往危重症病人救治定点医院——武汉同济医院中法新城院区集中收治。这批病人多半是老年人，但有些老人在车上没有座位只能站着，还有些老人则直接坐在公交车的过道里。

在行进路途中，因道路狭窄、障碍物较多，公交车困于巷道久久不能脱身，这使情绪本就敏感的患者变得有些焦躁不安。此后，又因公交车徘徊于病人接收点间的时间过长，导致患者情绪失控。经过两个多小时的颠簸，才于次日凌晨1点左右将患者送达医院。然而，病人下车后没有人帮助引导住院，全体陷入一片茫然。

整个过程中，负责组织转运的街道社区工作人员的车辆一直跟随

患者被安排乘坐公交车前往危重症病人救治定点医院　　崔萌/摄

在公交车后，但却自始至终未见有人与司机和患者沟通协调。1 个小时后，另有大批病人乘坐公交车和大巴车也被送到同济医院中法新城院区，他们下车后，面对的也是相同的境况。

这段把病人送往医院的短短路程，却将衔接无序、组织混乱等诸多问题暴露在公众眼前。这一混乱不堪的局面全程被媒体记录下来后，立即遭到了中央赴湖北指导组的严肃问责。

2 月 10 日，中央赴湖北指导组立即约谈武汉市武昌区区长余松。国务院副秘书长、国务院办公厅督查室主任高雨严厉诘问武昌区相关领导，并要求区政府和街道向患者挨个赔礼道歉，对相关责任人根据党纪政纪严肃问责。12 日，武昌区政府主要领导向病人代表致歉，辖区街道负责人也向患者及家属一一电话致歉，一名副区长带队向运送病人的志愿者公交车司机致歉慰问，并安排医护人员对司机进行核酸检测。

新冠肺炎疫情发生以来，习近平总书记反复强调始终把人民群众生命安全和身体健康放在第一位。在战疫的紧要关头，疫情防控容不得任何一位党员干部的懈怠，也容不得任何一位群众的生命健康安全被忽视。只有将人民生命安全健康时刻记在心头、扛在肩头，才能最终战胜疫情。

2 月 10 日　第 21 天　累计确诊 40171 例　现有疑似 23589 例　累计治愈 3281 例　累计死亡 908 例

打赢疫情防控的人民战争

武汉，火神山医院。一个充满温暖和力量的视频连线，把遥远的北京和抗疫最前线紧紧连在一起。

2 月 10 日下午，习近平总书记来到北京地坛医院远程诊疗中心，通过视频连线武汉市收治新冠肺炎患者的一线，了解情况、听取意见和建议，慰问一线医务工作者。

这是一次关键时刻进行的关键调研。它的背景是，整个中国被迫放弃正常秩序，正在不顾一切地和新冠肺炎病毒赛跑。刚刚过去的周末，一批又一批医疗队员从中国一线、二线甚至三线、四线城市出发，向武汉集结，中国医疗界四大王牌军——北协和、南湘雅、东齐鲁、西华西——会师武汉。互联网上，人们这样形容举国支援武汉："全村的龙已把最硬的鳞给你，哪怕自己也伤痕累累。"

这是一次前所未有的人民战争。全国看湖北，湖北看武汉，武汉靠全国。习近平总书记在北京市调研指出，新型冠状病毒肺炎疫情防控工作的重中之重，仍然是湖北和武汉。

从 1 月 12 日起，地坛医院开始承担新冠肺炎患者的救治、筛查、隔离工作，收治了北京市第一例确诊病例。习近平总书记来到地坛医院门诊楼一层运行监控中心，通过监控画面察看患者住院诊疗情况，视频连线正在病房值班的医护人员，鼓励他们继续完善诊疗方案，继续全力以赴救治患者，并叮嘱他们做好自我防护。

在通过视频连线武汉市收治新冠肺炎患者的重点医院后，习近平总书记就地主持召开视频会议，听取正在湖北前线的中央指导组组长孙春兰的汇报，向在这次疫情中不幸病亡的群众表示深切的悼念，向患者及其家属、病亡者家属表示诚挚的慰问。

正是在这次视频会议上，习近平总书记明确提出“武汉胜则湖北胜，湖北胜则全国胜”。他坦言，湖北和武汉疫情形势仍然十分严峻，要采取更大的力度、更果断的措施，坚决把疫情扩散蔓延势头遏制住。在新华社当天对于这次调研的报道中，习近平总书记的讲话内容共分为 5 个段落，最后一个段落直指干部队伍——“对作风飘浮、敷衍塞责、推诿扯皮的，要严肃问责。”

三天后，湖北省委、武汉市委换帅，上海市长应勇调任湖北省委书记，济南市委书记王忠林调任武汉市委书记。《环球时报》总编辑胡锡进通过网络发声：“中央的这一决定高度契合民意。湖北省出现今天这样的局面，确实不应该，主要领导负有不可推卸的责任。”

习近平总书记在 2 月 10 日进行的这次调研，进一步鼓舞了打赢疫情防控人民战争的斗争和决心。第二天，李克强总理主持召开国务院常务会议，进一步部署在全力以赴抓好疫情防控同时，加强经济运行调度和调节，更好地保障供给。会议明确要求，分类有序推动企业复工复

全国各地，四面八方，向武汉支援抗疫物资　王伟伟 / 摄

产，推动重点医疗防控物资生产企业尽快达产，纠正对外来车辆和人员“一刀切”劝返等做法，纾解企业特别是民营、小微企业困难。

同样是在 2 月 11 日，中央赴湖北指导组组长孙春兰来到武汉新改建的“方舱医院”，察看为患者准备的生活用品和医疗设施，详细询问收治及生活保障等准备情况。考虑到近日阴雨湿冷，她特别叮嘱准备热水壶等生活用品，务必让患者吃上热饭、喝上热水，得到及时救治，宁可让床等人，也不要让人等床。

2月11日　第22天　累计确诊42638例　现有疑似21675例　累计治愈3996例　累计死亡1016例

助力复工，工会在！

2月11日，在深圳南山区高新园区，李玲（化名）收到取餐短信后，走到公司门口，只见送餐机器人出现在眼前。李玲上前打开封闭的装餐箱，取出餐食后，机器人又前往下一家送餐。

这是南山区工会在特殊时期推出的无接触配送新方式——机器人送餐，让职工吃得更安心。一天前，部分深圳企业迎来第一个复工日，为保障职工用餐，降低人员直接接触风险，高新园区工会大食堂首次使用了名为“烛光”和“阳光”的送餐机器人。送餐机器人的做法，备受瞩目，也赢得职工欢迎。现在，高新园区共有30台送餐机器人在园区内“奔跑”，单次至少运送60份订餐，具有日供500～1000份无接触式送餐服务的能力。

随着时间一天天向后推移，全国各地筹备更快复工。由于疫情防控形势尚未明朗，为了确保防控生产两不误，各级工会组织纷纷拿出“实招”，力保企业复工复产。

2月14日下午，一辆满载着30吨消毒液的卡车从甘肃金昌驶出，

在做好疫情防控工作的同时，各地重点工程项目陆续复工　　王伟伟 / 摄

星夜兼程赶往湖北。这是金川集团在甘肃省启动重大突发公共卫生事件一级响应机制后，对甘肃省总工会开展的“打赢疫情防控阻击战”主题劳动竞赛，鼓励职工用实际行动为抗击疫情贡献智慧和力量的最好回应。在工会组织的号召下，全省各化工企业及时调整生产结构，增产无纺布聚丙烯纤维专用料、医用聚丙烯纤维专用料等医用物资原料。随后，各化工企业将万余吨医用化工原料陆续发送到华北、华东、西南等地的防疫物资生产企业。

对于暂时在家不能复工的职工，全国各级工会也不失时机地开展线上职业技能培训，帮助员工在家长本事。河南省总工会通过“豫工惠 App”平台，开展全省职工“网上练兵”活动，并拨出专项资金用于对各工种技能闯关竞赛前 10 名职工的奖励。杭州、厦门等地则为职工特意定制了一系列既实用又富有趣味性的课程，如“秋叶办公技能系列课”“零基础快速变身抖音网红舞达人”等。

疫情虽然还未彻底平息，但复工的脚步已经开始加快。作为职工的“娘家人”，协助做好复工复产各项工作，关心关爱职工生产生活，是各级工会组织的职责所在。相信只要积极引导汇聚职工力量，全面复工就在不远的明天。

2月12日　第23天　累计确诊44653例　现有疑似16067例　累计治愈4740例　累计死亡1113例

褒奖医护人员

2月12日，武汉封城的第20天，抗疫前线的局势依然紧张，专家们还在警告着“未来潜藏疫情上升的拐点”。不同的是，中国社会不再是最初被病毒打得张皇失措的样子，越来越多的有效管理正在出现。

随着更多增援大部队的到来，最早一批直面生死的医护人员开始逐渐撤向后方。特别是武汉当地医院的医护人员，已经在极高强度和极高风险的环境下支撑了一个月以上。湖北周边省份的医护人员，同样开始进行轮换休整。

在湖南省长沙市第一人民医院，17名医护人员撤离抗疫一线，集中入住酒店开始14天的医学观察。一支心理救援医疗队同步赶来，第一时间进行心理干预和辅导。一位身心疲惫的护士说：“刚从医院隔离病房出来后，脑子里经常出现患者的影子，晚上难以入眠。有了心理咨询师的帮助，加上玩小游戏和听助眠音频，我的心态阳光多了。”

这一天，国务院办公厅两天前转发的一份文件正式向社会公布。它由卫健委、人社部和财政部联合签署，从7个方面提出关爱医护人员工作条件和身心健康的具体措施，被媒体定义为关心医护人员的“国家保障”。在“加强对医护人员的人文关怀”方面，通知特别明确为一线医护人员和家属建立沟通联络渠道，尽量不安排双职工的医护人员同时到一线工作。

10 余天后，分量更重的关爱措施强力出台。中央应对新型冠状病毒感染肺炎疫情工作领导小组明确提出，疫情防控期间，将湖北省及各地援鄂医疗队一线医护人员临时性工作补助相应标准提高 1 倍，并确保发放到位，中央财政对湖北省全额补助。同时，湖北省一线医护人员薪酬水平提高 2 倍。

与此同时，各地政府相继推出类似的政策措施。2 月 12 日，南京市发布《关于为赴湖北医务人员办好十件实事的通知》，明确南京驰援湖北医疗队等直接面对疫情的一线医护人员享受一次子女就学照顾。当年入学幼儿园的，结合家长意愿，优先安排在区内普惠性优质幼儿园就读。参加中考的，予以加分照顾录取；其中，报考本市三年中职的，按照家长和学生意愿直接录取。

与新冠肺炎疫情的斗争消耗了巨大的社会财富，但以今天中国的积累，国家依然有条件褒奖那些冲向生死一线的医护人员，他们是灾难压向头顶时保持站立的人，整个中国应当用让人眼红的关爱去表达对他们的感激。

2 月 13 日 第 24 天 累计确诊 59804 例 现有疑似 13435 例 累计治愈 5911 例 累计死亡 1367 例

城市英雄摆渡人

2 月 13 日，武汉天河机场，载有 7 省市 7 支医疗队 1600 名医护人员的飞机接连抵达。因为行李太多，机场人手不够，志愿者司机主动承担了运送行李的任务。

志愿者司机们早就习惯了无缝衔接各项任务。从 1 月 29 日起，顾尧已经加入了 3 个志愿者司机微信群，有的 30 多人，有的 80 多人，志愿者司机的年龄从 20 多岁至 40 多岁不等。调度人员会随时发布医护平台的信息，大家 24 小时待命，根据自己的时间和距离远近认领。

医生基本上都要上早班，为了能将他们按时送达，顾尧经常 5 点多钟就得起床。负责拍片子的医生、照顾病患的护士都坐过他的车，市区的各大医院，顾尧几乎不用开导航就已经驾轻就熟。

“我年轻，身体素质好，又不直接接触病人，不怎么担心被感染。”防护服、口罩、手套、消毒液可以到指定地点领取，但质量只能碰运气。有时防护服太薄，穿上不久就会撕裂。

顾尧的家在江苏，大年初四，因为无意间看到《4000 名接送医护

志愿者司机送医护人员上班　　高兴贵 / 摄

人员的司机只剩400了，爱心车队到了临界点》的求援，义无反顾决定前往武汉加入爱心车队。虽然顾尧已经不记得自己在武汉待了多久，但他知道，自己会一直在这座英雄的城市，待到疫情结束的那一天。

志愿者司机中，有的是从千里之外赶赴疫区的异乡人，有的则是从出生起就开始见证这座城市变迁的“武汉伢”。从成为一名志愿者司机的那一刻开始，他们就准备好和一线的无名英雄们并肩同行。

李峰是众多志愿者司机里唯一一个只能用左手握方向盘的人。虽然年前经历了一次意外骨裂，但从1月26日武汉中心城区禁行机动车起，李峰还是主动加入了市民自发组织的队伍。

刚开始接送医护人员，他还会询问医院的状况。再后来，看着他们憔悴的神态，李峰开始有意无意说些无关痛痒的话，或是刻意提高嗓门为大家加油打气。除工作必需的交谈外，平常医护人员很少谈及自身状况。

如果没有疫情，李峰应该会每天睡到自然醒，然后去自己经营的几家熟食店转转。成为武汉市青山区志愿者司机后，他则变成了早晨六点多起床，凌晨两点多睡觉。从大年初二到现在，李峰从未和家人打过照面，他一直盼着能和父母见面，盼着自己生长的这座城市回归正轨。

2 月 14 日　第 25 天　累计确诊 63851 例　现有疑似 10109 例　累计治愈 6723 例　累计死亡 1380 例

吕业升陆志远同赴荆州

全国范围的降温甚至风雪，挡不住“白衣逆行者”驰援的脚步。严峻的抗疫形势让以往属于玫瑰的日子充满了悲壮，国家统筹安排对口支援湖北的 19 个省份，正在继续组织医护人员奔赴“千湖之省”。

2 月 14 日晚，广州白云机场，一次简朴庄重的送行仪式正在举行。由广东省对口支援领导小组副组长、广东省人大常委会副主任吕业升率领的广东援助荆州第三批医疗队将从这里飞赴湖北抗疫前线。

吕业升的另一个身份是广东省总工会主席。此前，他曾主持召开广东省总工会主席工作会议，明确要求把打赢疫情防控阻击战作为当前头等大事抓紧抓好，切实发挥工会职能作用。2 月 14 日当天，广东省政府新闻办举行的发布会证实了吕业升率队赴鄂的消息。当地媒体报道称，随着一位副省级领导现场坐镇指挥，标志着广东对荆州的对口支援工作力度将更大，效率也会更高。

同样是在 2 月 14 日晚上，海南省人大常委会副主任、省总工会主席陆志远也赶到湖北荆州，他带领的是海南省援助荆州第二批医疗队。

荆州市主要领导等候在医疗队驻地迎接，并为医护人员送上羽绒服、冲锋衣等御寒物资。

除吕业升、陆志远两位省总工会主席赶赴荆州以外，湖北省委常委、省总工会主席尔肯江·吐拉洪一直就地指挥疫情防控阻击战，这使身处湖北抗疫第一线的副部级工会主席达到3人。在进驻孝感督导当地疫情防控工作时，尔肯江·吐拉洪到当地定点医院查看医疗救治情况，深入乡镇卫生院和村、社区了解发热人员排查和留观、转诊措施，随机走访超市、药店检查市场供应。

同样在湖北，省总工会党组书记、常务副主席董永祥也来到武汉市岳家嘴社区，调查熟悉社区工作阵地、防控物资储备，详细了解病患人员安置、社区日常防疫、居民生活保障、社区工作者日常工作等情况。湖北省总工会还通过市州总工会逐级下拨900万元到相关社区，重点慰问一直奋战在疫情防控一线的社区干部、工作人员和环卫工人。

在广东和海南，当地工会的疫情防控工作紧张而有序。广东省总工会成立支援湖北疫情防控一线医护人员结对帮扶领导小组，省总工会党组书记、常务副主席陈伟东担任组长，建立结对联系2560人。海南省总工会党组书记、常务副主席王全亦带队赶赴文昌市锦山镇，慰问支援湖北的海南医疗队队员陈锦王的家属。

2 月 15 日　第 26 天　累计确诊 66492 例　现有疑似 8969 例　累计治愈 8096 例　累计死亡 1523 例

无名之辈

“死亡就像一个摇摇欲坠的笑话，突然冲到了所有人的面前。”这是电影《无名之辈》中的一句台词。当下中国，当死亡冲来，无名之辈也冲到了所有人面前。

2 月 15 日，武汉公开招募新冠肺炎康复者捐献血浆的消息发布刚过去 24 小时，两位康复者捐献的血液，让那些与死亡作战的重症患者，看到了一线曙光。两天前，武汉市金银潭医院院长张定宇公开表示，康复者体内有大量综合抗体，能够对抗病毒。同一天，中国生物技术股份有限公司也发文称，接受新冠特免血浆的患者临床体征明显转好。

一时间，“抗体”血浆成了与病毒斗争的强力弹药。那些 14 天前刚刚取胜的人们，又重新穿上了战斗的铠甲，为更多人带去生的希望。

其中，一些人留下了名字，张定宇院长的妻子程琳在 2 月 18 日成功捐献血浆 400 毫升。一些人留下了话，武汉首位捐献者说：“感觉挺好，我就希望武汉人众志成城，中国加油！”还有更多的人，只是伸出了自己的胳膊，留下了合格的“抗体”血浆。

武汉抗疫志愿者正在为市民配菜　郭良朔 / 摄

在与病毒斗争的日子里，无数“小人物”的点点滴滴汇聚成了战胜病毒的一砖一瓦。一位武汉物资运输司机曾对着镜头说：“如果我出的一份力能让这场战疫提前一分钟结束，那我就继续做下去。”

还记得那位好心帮助“胃痛”男子就医后，家属愧疚寻找的武汉外卖小哥吗？“胃痛”男子实则感染新冠肺炎，就医不久后便去世。这位好心外卖小哥就是肖唐松，消息传开后，大家都为他的安危揪着心。所幸的是，肖唐松隔离期间两次核酸检测均为阴性。解除隔离后他说：“下一次遇到了，还会救，救人是大事。”

如果没有这次愧疚的寻找，肖唐松只是无名之辈中的一员。同样，如果没有武汉市中心医院疼痛科主任蔡毅的文章，小人物林军只是死亡病例中的不知道第几个数字。

“大疫就是这么无情！不仅仅对大人物，不仅仅对医生，也无情地砸在这些小人物的身上。”这篇悼念文章，让人们知道了林军和他的生活——在武汉市中心医院门口开了十几年小卖店，也陪伴了这里的医护人员十几年。然而，在被感染病毒后，仅仅两天，他就在医院留观室中去世了，最后也没能等到床位。

小人物的生与死，有时候就是这样轻飘飘的。小人物的自尊自爱和勇往直前，也是一样的重如泰山。

2月16日　第27天　累计确诊68500例　现有疑似8228例　累计治愈9419例　累计死亡1665例

按下复工复产“快进键”

2月16日，周日，春节假期后的第二个复工周即将开启，一则为农民工包机返岗的消息“硬核”刷屏网络。

尽管4天前的中央政治局常委会会议7次提到“生产”、3次提到“复工”，但在疫情防控的重要时期，很多地方严控人员流动的做法，还是让急需复工的人员，无法顺利流动。

这种状态胶着4天后，浙江嘉兴嘉善县与四川广元昭化区给出了最强复工答案——为农民工包机返岗。

2月16日下午1时，四川广元昭化籍农民工王春华手拿健康登机表，同153名老乡一起顺利登上浙江长龙航空GJ8025次航班，下飞机后，嘉善县政府调配的大巴接力，当天便顺利完成返岗。而这趟返岗“旅程”所需全部费用，由嘉善县政府与用工企业共同承担。

同一天晚上，手持健康码的贵州省盘州市二台坡村外来务工人员王珍波也顺利返杭。他乘坐的是全国首趟复工人员专列G4138次列车，由贵阳北至杭州东。当天，这趟列车上有近300名贵州籍职工。

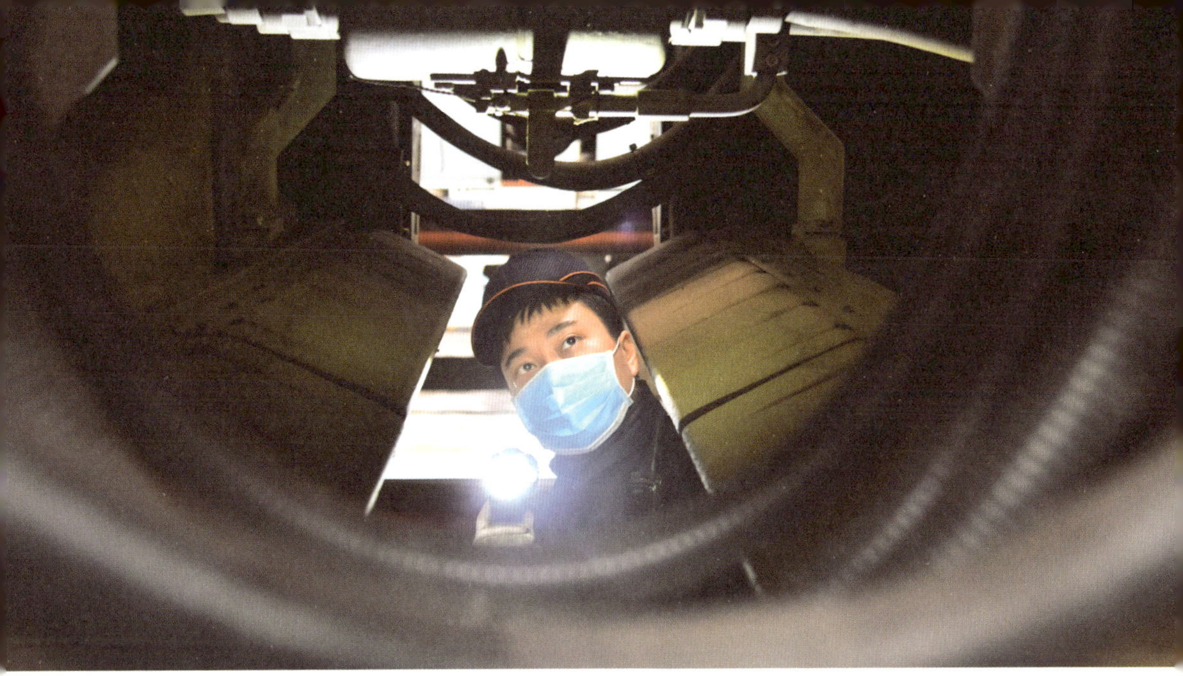

高铁“医生”上线，检查车辆状况为应对复工可能出现的大客流做准备　　陈亚 / 摄

杭州的外来就业人员多集中于贵州、四川，在对企业复工的急迫用工需求和返程中疫情传播风险全盘考量后，杭州向铁路部门申请开行外地复工人员专列，并严格限制每列仅乘载 320 人。8 小时 10 分钟的车程，一排只坐两三个人，让返程的安全感提高了不少。

除了包飞机、包高铁、包巴士，也是在 2 月 16 日这天，浙江湖州市还出台了《关于企业复工复产补助奖励的意见》，设立不少于 1 亿元的企业复工复产补助奖励资金，专项用于企业（包括工业、服务业、建筑业）复工复产，对企业新招员工，给予每人 1000 元的一次性生活补助。这样的“暖企”措施还在浙江绍兴、宁波、义乌等地陆续实施。

在职工、企业以及劳务输出输入两地政府的共同努力下，浙江省交出了一张优秀的复工“成绩单”。据浙江省经济和信息化厅统计，截至 2 月 18 日，浙江省规模以上工业企业已复工 31965 家，复工率 72.2%。

当然，按下复工复产“快进键”的背后，疫情防控工作仍然是重中之重。乘坐首趟包机的返“嘉”职工，登机前全部配合劳务输出地相关部门进行了免费体检；乘坐首趟专列的返杭职工，也在杭州市政府的安排下，做好健康码的申领和审核。

2月17日　第28天　累计确诊 70548 例　现有疑似 7264 例　累计治愈 10844 例　累计死亡 1770 例

工会关怀在冬日

2 月 17 日下午 5 时，北京市朝阳区邮政分公司的每位职工都收到了一副护目镜。这是企业工会通过多渠道沟通调配，为全体职工集体购置的防疫物资，共计 4000 副。

疫情防控期间，朝阳区邮政工会已经先后 3 次为职工配发防疫物资。职工表示，有工会在，大家工作起来更加安心、放心。

就在大家因长时间没有理发店开门而为“头上长草”生出烦恼时，北京汽车集团北京现代仁和二工厂工会及时出手，利用文体中心自办起理发店，为职工剪去三千烦恼丝。仁和二工厂工会主席王跃实找来能熟练理发的员工，摆上椅子，系上围裙，一个临时理发店就开始营业了。员工郭小雷说：“这头发理得真好，整个人都精神了！”

解决完职工的小困扰，北京汽车集团工会也不忘职工的生活难题。2 月 14 日，北京大雪纷飞，北京现代汽车有限公司员工的朋友圈被一波新鲜蔬菜齐齐刷屏。原来，考虑到疫情防控期间，员工出入小区多有不便，为解决雨雪天气买菜难题，北京现代公司工会采买了一大批暖心蔬菜发放给返岗员工。对平常不做饭的员工，工会还贴心地为其准备方便面、面包、香肠等速食产品，切切实实把温暖送到了心坎儿里。

除了做职工最贴心的帮手，工会同时也能代表职工通过集体协商保障工资发放，做职工的坚实后盾。

在浙江省杭州市临安区，聚弘凯电器有限公司部分职工提出：企业休假后到复工之前，一线计件工资员工应按临安目前最低工资标准 1800 元每月发放，固定工资员工应按正常上班的 80% 发放。

针对职工们提出的要求，公司工会主席骆柏祥立即和总经理汪兴旺进行沟通，达成了计件工资员工按 2600 元每月发放，固定工资员工一律按正常上班对待的方案。为了表示诚意，该公司还专门起草一份工资专项集体合同，通过公司职工代表大会工作群征求大家意见后，签订了一份疫情防控期间工资专项集体合同。

病毒无情人有情，虽然面临的困难重重，但总会有比困难更多的方法和途径。在这个非常时期，各企业工会与职工同舟共济，在寒冷冬日里围聚出了一股绵绵不断的暖流。

2 月 18 日　第 29 天　累计确诊 72436 例　现有疑似 6242 例　累计治愈 12552 例　累计死亡 1868 例

聚光灯外的死亡

突如其来的疫情，也让死亡这个人们避之唯恐不及的词汇像瘟疫一样蔓延开来。在举国上下为抗疫一线牺牲的医务工作者痛心之时，一些因参与抗疫、坚守岗位而倒下的人，同样值得被铭记。他们中间，不乏工会主席的身影。

2 月 18 日凌晨，浙江省杭州市江干区信访局的工会主席韦长春因突发心梗不幸去世，生命永远停留在了 57 岁。

岗亭巡查、证件检查、体温监测……在韦长春的工作笔记中，写满了自 1 月 28 日起在摸排社区时记录下的疑难问题。除此之外，他还将有限的精力投注在纠纷调解、投诉回复、来电处理等繁杂的事务中。

韦长春生前说得最多的就是："组织上派我来，又不是专门来听好话的，就是来答疑解惑帮忙的。"

在不到一个月的时间内，他曾牵头解决和答复了 580 件关于新冠肺炎的信访件。一支笔、一个本，一个走楼入户的坚毅背影，是韦长春留给大家的最后印象。

1 月 31 日，只比韦长春小一岁的湖南省卫生计生综合监督局局长张辉也因劳累过度突发心源性疾病，倒在了他担任省卫健委新型冠状病毒感染肺炎疫情防控领导小组综合监督组副组长的第 16 天。

在张辉的车上，一直放着一瓶硝酸甘油。他几乎每天都去不同的医院穿梭巡查，但却没有时间去检查一下自己的身体。

实打实地看、点到点地查，问情况一人一人地来、看资料一页一页地翻。张辉平均每天的工作时长超过 14 个小时，除了巡检医院，他曾 4 次带队赶赴长沙、岳阳、株洲实地督查 20 余个防控关键点，还挤出时间深入社区和企业了解情况。张辉生前曾说，卫监工作关系着老百姓的生命健康，有一点马虎，就可能酿成大祸，不能放过一个疏漏。同事感慨道：“他总是这样，拼了一切，甚至把自己也拼进去了。”

长春、光辉，他们的名字都充满着无限生机。然而，在这一场病毒袭击里，他们永远停留在了 2020 年春天到来之前。

因公逝世后，韦长春被追授杭州市五一劳动奖章，张辉被追授湖南省五一劳动奖章。毕竟，比死亡更悲哀的是被人遗忘。追授的荣誉，是对逝者以生命为代价的奉献精神的一次致敬，更是这个社会需要给予他们的纪念。

一名药店员工一路小跑穿过马路，为患者送药　　郭良朔 / 摄

2 月 19 日 第 30 天 累计确诊 74185 例 现有疑似 5248 例 累计治愈 14376 例 累计死亡 2004 例

战“疫”夫妻档

2 月 19 日晚，针对武汉新冠肺炎疫情而建设的第二座医院——雷神山医院正式接收病人。经过几天紧急培训，包括病人护理和新仪器使用等，这一天，周海燕正式在雷神山医院上岗。当天，她接了 18 张床的任务，还要负责 30 名护士的排班工作，安置完患者，已是 20 日凌晨 3 点多。

作为吉林长春市中医药大学附属医院肺病科护士长，周海燕工作经验丰富，身高不到一米六、体重 50 公斤的娇小身影在病房和病人间来回奔波，但她很快就适应了快节奏的工作。“尽管很辛苦，但看到患者充满信任的眼神和对生命的渴望，再苦再累都觉得值。”

5 天前，当医院组建第二批援助湖北国家中医医疗队驰援雷神山医院时，周海燕义无反顾地报了名。在给丈夫王迎春打的电话中，她说：“我有 20 多年的工作经验，疫情以来一直接受培训，业务方面没问题。咱孩子也大了，没有后顾之忧。别告诉父母，家里你就多操心吧。”

周海燕随医疗队出发去武汉时，丈夫王迎春还没有下夜班，这让王迎春很自责。当看到妻子剪发的照片和按着鲜红手印的“请战书”时，王迎春不禁热泪盈眶，“请战书”的最后一行写着：不计报酬、无论生死。

这是一场生命之约，在周海燕深入武汉疫区救护患者时，王迎春作为国电吉林龙华长春热电一厂值长带领团队坚守后方保电保热。

长春热电一厂是长春市重点热源单位之一，供热面积覆盖长春市北部2000万平方米。从大年三十开始，厂值长王迎春担负起发电运行系统现场指挥的工作，确保老百姓居家期间安全供热、优质供热。

受疫情影响，吉林省用电量持续走低，无法满足机组提升供热温度的请求。王迎春从“确保市民家中供热温度”的角度积极争取，最终吉林省电力调度中心同意加带负荷提升供热温度。

2月20日，王迎春凌晨1点开始值班，填报完各种报表，已近凌晨4点。这时，他的手机上收到一张妻子发来的照片，全副武装着淡蓝色防护服，已经看不清本人面目。

此刻，周海燕刚刚忙完一天的工作，回到驻地准备休息，用微信发照片给丈夫报了个平安。看到周海燕发来的照片，王迎春一直悬着的心也才放下，继续为新一天的工作而忙碌。

她在前线救死扶伤，他在后方保电保热，不一样的战场，一样的战斗。此刻，他们是生活中的伴侣，更是抗疫一线的战友，他们用负重前行的肩膀扛起责任与担当。

（于长安 | 国网吉林龙华长春热电一厂）

2 月 20 日 第 31 天 累计确诊 74576 例 现有疑似 4922 例 累计治愈 16155 例 累计死亡 2118 例

一次道别

“在这里，我代表中央指导组，对一直奉献在一线的同志们致以崇高的敬意，对英勇牺牲的医务人员和不幸去世的患者表示深切哀悼。”国务院副秘书长丁向阳的话音落下，现场所有人共同起身，默哀三分钟。

这是 2 月 20 日下午国务院新闻办公室在湖北武汉举行第二场新闻发布会的现场。此前，全国已经有 10 余名医护人员相继因公殉职。他们中最小的只有 28 岁，年纪最大的 69 岁。为了最大限度地救治新冠肺炎病人，他们有人连续 18 天高负荷工作，有人两天接诊 300 多名病人，有人连续 10 天 9 夜值班工作。身处战疫一线，医护人员用双手撑起双手，用生命挽救生命。他们中每一位的不幸逝去，都深深地痛击着大众的心。

真希望这次迄今为止最高规格的默哀，可以终结医务工作者在这场疫情中的“悲剧”。然而，死神萦绕，一次次击痛人心。

这一天晚上 9 时 50 分，武汉江夏区第一人民医院医生彭银华抢救无效死亡。第二天，就在他曾经开过无数次会议的医院五楼报告厅内，彭银华的肖像投影在厅前的屏幕上。照片中的他穿着条纹西装打着领结，微微斜倚着身子，脸上露出淡淡的笑容。那原是他为婚礼准备的照片，如今却用作了遗像。身穿防护服的医生和护士不时前来吊唁，把一束束菊花放在照片下，以及一行行挽言：愿你在天堂没有病痛；彭医生，一路走好……

没有更多的仪式了，疫情当前，连告别都如此匆忙。同事们匆匆而来，又急忙返回岗位，他们没有时间继续悲伤。

护士张春艳清晰地记得，彭银华生命中的倒数第二天是如何度过的。那天，医院为他进行了血浆置换，张春艳在彭银华身边守了3个小时，看着一袋又一袋的血浆随着导管缓缓流入彭银华的身体，像是为他一点一点注入康复的希望。然而，这个快要当爸爸的男人，没有被幸运眷顾。

同样的，南京市中医院副院长徐辉也错失了今年的春暖花开。徐辉倒下的前几分钟，她刚和医务处主任高飞通完电话。高飞补充发了几条微信过去，但没有等来徐辉的回复，因为她已经被推进抢救室，此后再也没有醒来。

同事说，徐辉最大的心愿就是等到疫情过去，好好地感受春暖花开。如今，中国大地已经渐露春色，武汉大学的樱花也已开放，不知徐辉和其他逝者在天堂是否看见了呢？

就让我们再说一次道别：逝者已矣，生者如斯。

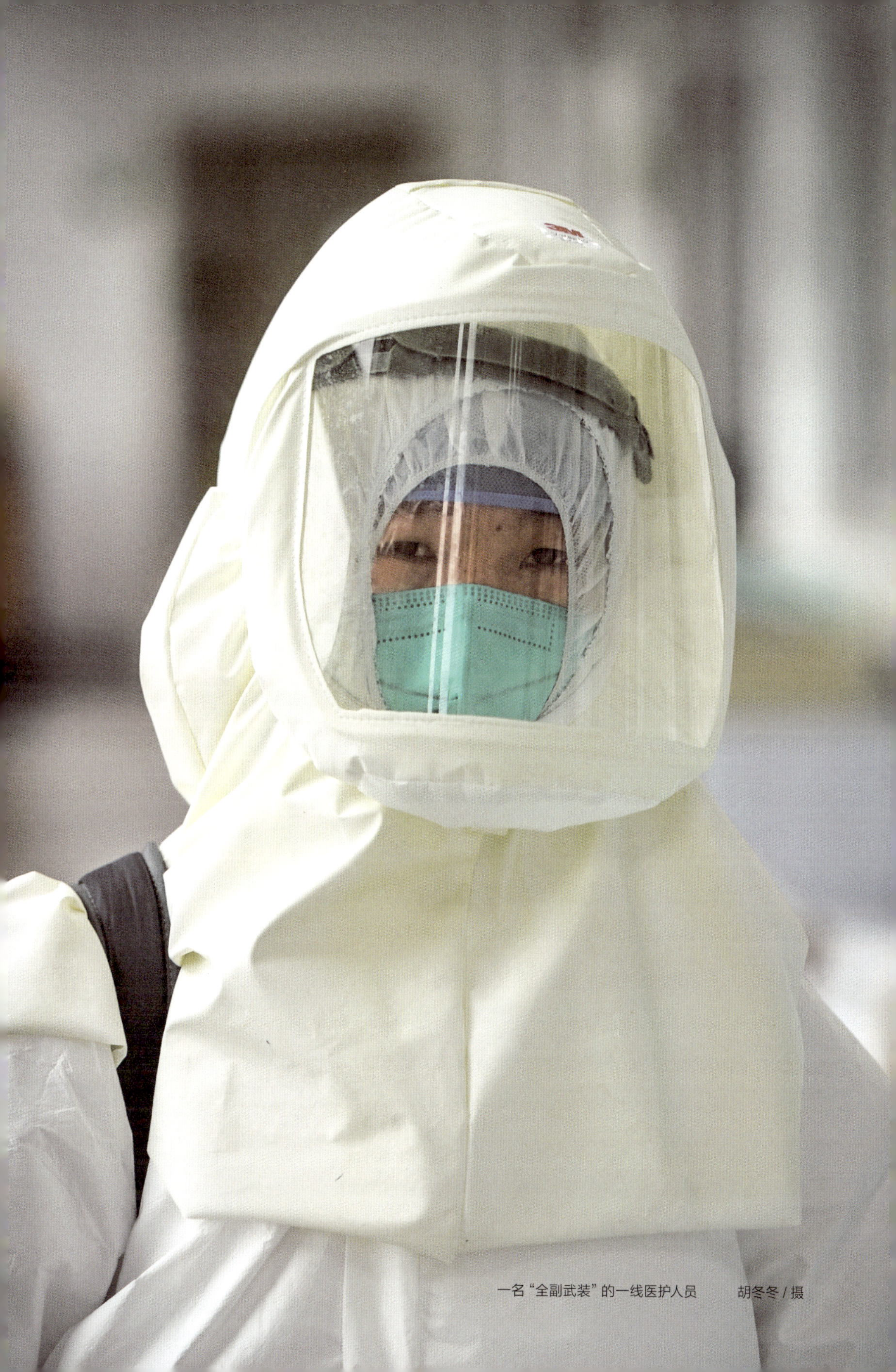

一名“全副武装”的一线医护人员　　胡冬冬 / 摄

2月21日　第32天　累计确诊75465例　现有疑似5206例　累计治愈18264例　累计死亡2236例

为害怕穿上勇气的“盔甲”

2月21日，贵州省第八批医疗队出发前往湖北支援。

170位队员中，来自贵州省遵义市湄潭县人民医院急诊科的护士杜富佳的心情既激动又紧张。登机前，她在相机前摆出了一个“耶”的手势。

在疫情暴发后的两周里，杜富佳两次写下请战书。一次，是她请战到所在医院开设的新冠肺炎发热门诊工作；另一次，是2月5日她以个人名义请战赴武汉一线救治病患。

面对未知的战场，勇气为害怕穿上了“盔甲”。给予杜富佳勇气的不是别人，正是她的哥哥——“排雷英雄”杜富国，还有哥哥最常说的那句话，“你退后，让我来”。在26岁的杜富佳看来，身为一名护士，抗击疫情的前线就是自己的战场，她也要像哥哥一样，“让我来”。

2020年的春节，是杜富国时隔7年第一次回家过年，而杜富佳却未能与哥哥好好吃上一顿年夜饭，一直忙碌在急诊科。在接到出征湖北的通知后，她匆忙收拾行装，并毅然剪掉留了10年的长发。

来自贵州的国家医疗救援队队员抵达武汉　　高兴贵 / 摄

虽然未能来得及与家人告别，但在飞机起飞前，杜富佳还是收到了哥哥的微信语音鼓励：“在那边多注意安全，没事的，我们在家里等你的好消息，等你凯旋。”

在抗击疫情的逆行路上，有很多像杜富佳一样的人。支撑他们逆行而上的，除了职责本身，还有一份可以跨越时空的勇气。

“我和其他护士不一样，我是汶川人。”说出这句请战宣言的是四川第三批支援湖北医疗队中的佘沙，她也是队伍中年龄最小的一员。

给予 24 岁佘沙逆行勇气的，是 12 年前驰援汶川地震的医疗团队。当年，一位位逆行在汶川废墟中的白衣战士，不仅带去了生的希望，还将勇气的种子播撒在了佘沙的心里。

12 年后，身为四川省第四人民医院肿瘤科护士的佘沙，以同样的白衣战士身份逆行而上。抗击疫情期间，佘沙两次请战驰援武汉。抵达武汉后，她三次提交申请赴湖北省人民医院东院负责消毒工作，此后，又两次申请进入“污染区”照顾病患。

从 1 月 25 日至今，全国 31 个省区市以及新疆生产建设兵团、军队共计 42478 名医疗卫生人员驰援湖北。像佘沙一样，他们身披勇气这件盔甲，战斗在一线。

2月22日　第33天　累计确诊76288例　现有疑似5365例　累计治愈20659例　累计死亡2345例

劳模工匠添柴战“疫”

2月22日下午2时，一辆满载着7200双全棉女袜、9600条女用拉拉裤的运输物资车辆，缓缓开进了湖北武汉市武昌医院。车上红色标语格外醒目——纺织劳模工匠与医护天使心连心，这份来自全国部分纺织劳模工匠捐赠的抗疫物资，用时5天终于辗转抵达。

战“疫”一线，女性医护人员占据了大多数，在急需医用防护物资的同时，女性用品成为被忽视的部分。“医用物资不好购买，但女性用品是我们纺织的强项啊！”以女工居多的纺织劳模工匠不约而同地想到这一点。

2月17日，全国纺织行业先进班组郝建秀小组、邓建军科研组等纺织劳模工匠和先进集体代表，在一天内火速自发筹集捐款。同时，由中国财贸轻纺烟草工会纺织工作部帮助落实物资捐赠流程，最终，通过武汉市总工会联系到武汉医师协会，成功对接武昌医院。“纺织职工们挣钱不容易，我得让劳模工匠捐款捐得放心。”中国财贸轻纺烟草工会纺织工作部部长王晓旌如是说。

物资送达当日，武汉医师协会就送来了感谢信，信中写道：“你们的善举是强大的中国力量和中国精神的深刻体现，必将激励一线医护人员坚定逆行，全力投入抗击疫情的战斗。”

几十位纺织劳模工匠协力捐赠的物资虽然并不算多，却满载着他们对一线医务工作者的敬佩之心、牵挂之情。

俗话说，众人拾柴火焰高。虽然距离武汉千里，从纺织行业到全国各地区、各行业的劳模工匠们都在想尽办法出一份力，为战“疫”胜利添一把柴。

在疫情发生之初，毗邻湖北的河南省防疫意识为众人称道，来自民间的慈善力量也异常活跃。然而，鲜为人知的是，很多人还有另一种身份——劳动模范。截至 2 月 7 日，河南各级劳模 3616 人、五一劳动奖状单位等先进集体 437 家共为抗击疫情捐款捐物达 5.42 亿元。

在疫情防控一线，全国各地的劳模工匠们也都行动了起来。湖北省劳动模范陈志福将筹集到的 5 万个口罩捐赠至武汉江岸区 16 个街道的 140 多位社区干群手中；广西五一劳动奖章获得者黄海碧为广西版“小汤山”医院建设加班加点；全国劳动模范许启金，除了坚持参与保电护电工作，还委托上缴了 3000 元党费。他说：“想通过组织用这些钱买一些医疗物资送给一线，尽一点绵薄之力。”

冲锋在前，担当在先。战“疫”中，“我是劳模，我先上”的声音不绝于耳，一份份劳模精神汇聚成了抗击疫情的最强能量。

2 月 23 日　第 34 天　累计确诊 76936 例　现有疑似 4148 例　累计治愈 22888 例　累计死亡 2442 例

“英雄机长”执飞武汉

2 月 23 日 6 时 32 分，搭载着来自中铁七局的务工人员的飞机由陕西西安飞往浙江义乌。这是东航西北分公司执行的首个复工包机航班，也是陕西省首个复工包机航班。

助力职工返程返岗，从某种程度上预示着民航业也在解冻和复苏。这个冬天，实在太漫长了。

1 月 20 日之前，空乘孔琳琳该月的飞行小时数已超过 80 个小时。然而，此后她的航班安排表变得空空荡荡。“2 月快要过去了，我只飞了不到 10 个小时。”

即使民航业遭遇了前所未有的困境，但众多的民航人在战“疫”期间扛起了责任，始终守护着空中的生命航线。

大年初一，作为民航首个执行驰援武汉任务的包机航班，搭载着 136 名医护人员和医疗物资的东航 MU5000 航班从上海虹桥机场顺利起飞，目的地武汉天河机场。

大年初四，一架载着 137 名甘肃援鄂医护人员及医疗救护物品飞往武汉的飞机降落前，乘务长作了一次特别的安全广播：亲爱的各位白衣天使们，我们的飞机即将开始下降。在你们平安回家时，我们去接你们回家！

“这就是一次正常的飞行任务，没有什么不同。”2月2日，“中国民航英雄机长”刘传健作为四川航空3U8101次航班执飞机长，将四川省第三批援助湖北医疗队的医护人员和物资送抵武汉。

无数的医护人员、无数的医用物资在一架架飞机的护送下火速抵达战“疫”最前线的同时，民航人也书写出了自己的抗“疫”故事。

出生在湖北的陈登攀没有想到，2020年的春节他会全副武装，以执行紧急运送核酸检测试剂任务的方式再回武汉。虽然面对降雪中航路存在严重结冰的风险，但陈登攀和他的机组没有丝毫犹豫，让时效性极短的试剂按时转运至目的地。

“12年前，来自武汉的好心人把我从地震中的绵阳接了出来。12年后，我给你们送来了需要的物资。希望能尽绵薄之力，祝你们能顺利渡过难关！”汶川地震时，府周洁还是一名飞行学员，如今，他已经可以驾驶包机火速驰援武汉，得以完成一场时隔12年的“空中接力”。

在抗疫前线，民航央企除了昼夜兼程抢运医疗物资和医护人员，还曾派出多架次包机接送滞留境外的同胞，一次次上演着空中救援。

成都航空派出 5 架飞机运送四川省援鄂医疗队的 231 名医护人员以及医疗物资驰援湖北　　刘伟 / 摄

2月24日　第35天　累计确诊77150例　现有疑似3434例　累计治愈24734例　累计死亡2592例

广州市总工会助力复工复产

据统计，复工复产以来，全国复工复产率最高省是广东省。对于有着大量外来人口的广东而言，要做到既复工复产又保障健康安全，并不是一件容易的事。

资源下沉、资金下沉、人员下沉，继广东省总工会印发《关于组织动员职工做好复工复产 坚决打赢疫情防控阻击战的通知》后，广州市总工会积极响应，制定了《广州工会关于组织动员职工助力企业做好疫情防控和复工复产的工作措施》。

保证几百万名外来务工人员全部返岗的同时，又需要确保其人身安全，这对广州市各企业来说是不小的挑战。

对于大年初四就开始复工生产消杀产品的广州浪奇有限公司，广州市总工会一直都给予高度关注和支持，保障员工按时返岗、即时提供防疫物资、帮助对接原材料供应。2月24日前后，市总工会相关负责人还在走访公司各生产线的同时，拨出防控疫情专项资金用于员工复工后的防护保障。在广州市总工会的大力支持下，浪奇公司的复工复产率已

广汽集团旗下整车企业陆续正式复产

接近90%。

在广州市总工会全力保障各类企业复工复产的大背景下，广汽集团旗下整车企业在广州的生产线——广汽传祺、广汽新能源、广汽本田、广汽丰田、广汽菲克等已全部正式恢复生产；广州电信2400多名装维工程师们正奔波于各大城镇和乡村，全力以赴保障广州市疫情防控通信服务畅通；广州公交集团已迅速行动，加强公交车辆、场站的清洁消毒和通风换气，全力打造“健康车厢”……

在保证大部分企业正常复工复产的同时，对于经营困难或生产经营方式有重大调整的企业与职工，广州市总工会积极推进集体协商，采取协商薪酬、调整工时、轮岗轮休、在岗培训等措施，最大限度地保留企业与员工的劳动关系，引导企业多转岗、少下岗。

此外，广州市总工会还主动与企业就复工前的用工问题、职工未返岗期间的工资待遇问题、困难企业职工的工资待遇问题，以及复工期间职工的工作内容、工作方式与工作时间等问题展开探讨并制定相应的解决方案，全方位保障职工和企业的双向利益。

在心理调适方面，还依托“广州工会”App上的广州职工微学堂和广州职工教育网等网络平台，为广大职工开设免费的网上培训，特别是业务技能和心理健康的有关课程，方便职工随时学习和加强防疫期间心理调适。尤其是对安排居家远程办公、灵活安排休假及工作时间的孕期、哺乳期女职工，根据需要提供心理援助热线、心理危机干预和心理疏导服务。

广州市总工会正在全力以赴协助各类企业为广州的生产建设按下“重启键”和“快进键”。

2 月 25 日　第 36 天　累计确诊 77658 例　现有疑似 2824 例　累计治愈 27323 例　累计死亡 2663 例

表彰张继先

“这个奖给我真的是太重了，我只是做了自己的本职工作。这是医生的职责所在，没有觉得自己是英雄。”2 月 25 日，公示结束，湖北省中西医结合医院呼吸与重症医学科主任张继先被湖北省直机关推荐为 2020 年全国劳模（先进工作者）候选人。

在一个正常运转的社会中，坚守岗位，做了本职的工作的确不会被称为英雄。但作为“疫情上报第一人”，对于大家的赞誉，张继先是受之无愧的。

早在 2019 年 12 月 26 日，张继先就与新冠肺炎有正面交锋。发烧、咳嗽看起来只是稀松平常，但一对老夫妇连同他们的儿子，拍出来的胸部 CT 却呈现出与其他病毒性肺炎完全不同的特点。一样的发烧、咳嗽，一样的肺部表现，还出现在当天另一位就诊的华南海鲜市场商户身上。

排除了所有与流感相关的检查之后，张继先认为，这有可能是一种新的传染病。意识到事态的严重性，2019 年 12 月 27 日，她就将 4 个人的情况汇报给业务院长、医院院感办和医务部，随后医院立即上报给

张继先正在与医护人员沟通工作细节　　崔萌 / 摄

江汉区疾控中心。在张继先的建议下，医院召开多部门专家会诊，并于2019 年 12 月 29 日向湖北省、武汉市卫健委疾控处报告。

因为张继先及时上报，促使疾控中心开始进行流行病学调查，也是因为张继先的敏锐洞察，给政府及早监测疫情争取了时间。

因为有过非典救治的经验，从发现一家三口的患者开始，张继先就要求所有的呼吸科医护人员戴口罩，并且将接诊病例单独隔离起来。在疫情大面积暴发前，张继先所在的科室，不仅实现了医护人员零感染，并且保证了患者交叉感染数也为零。

不足一米六的个头，却挑起了医院救治一线"带头人"的重担。作为第一个为湖北乃至全国拉响疫情警报的医生，张继先在 2 月 4 日被湖北省卫健委记大功奖励。与她一起接受奖励的还有身患渐冻症却毅然带领团队冲在战"疫"一线的武汉市金银潭医院院长张定宇。

无论是"上报第一人"张继先或是被称作"张铁人"的张定宇，都是成千上万白衣战士的缩影，他们肩负着治病救人的使命，共同战斗在抗击新冠肺炎疫情的最前沿。

2 月 26 日　第 37 天　累计确诊 78064 例　现有疑似 2491 例　累计治愈 29745 例　累计死亡 2715 例

“罩”你安全复工

2 月 26 日晚，中国职工国际旅行社总社（简称中国职旅）党委书记赵世洪和其他工作人员还在为第二天要发起的捐赠一次性医用口罩公益活动做着最后的准备。

作为全国总工会的直属单位，在全国尤其是企业遭受疫情冲击的情况下，中国职旅身为“娘家人”的一分子，也想为保障职工安全复工出一份力。

助力全国企业安全有序复工复产，守护一线职工生命安全和身体健康。截至目前，由中国职旅与 Will Go 共同发起的捐赠防疫物资公益活动已吸引数百家企业参与。

一般来说，捐赠都是直接定向发放，但在这次活动的负责人赵世洪看来，如果采用抽签的方式，可以让急需口罩的企业主动找上门来，不仅节约了中间的沟通对接流程，还可以高效地将口罩送达。

“这次的中奖率几乎是百分之百。”赵世洪透露了个中玄机，“如果当日未抽取到第二日仍可继续，最后实在没抽到也会主动赠送。”赵世洪认为这次活动制定的最重要的规则就是：确保参与抽奖企业的每位员工，都能拿到口罩。

第一期活动每天送出 2 万只口罩，10 天就是 20 万只。虽然众多生产企业加班加点，但目前防疫物资依然以集中供应为主，很少对外销售。在联系了各个口罩供应商后，江苏一家企业欣然同意提供口罩给予活动保障，为复工复产的员工提供安全防护。

本来以为有了组织方供应就能将口罩顺利送出，但让工作人员没有想到的是，其实组织本次活动最难的是获得大家的信任："免费发口罩？""哪里有这么好的事？"质疑声不断。

为了将活动更快推广到全国的各个企业中，工作人员除了在微信平台上接连发送活动详情，还主动联系各企业工会负责人，每次总要特别强调一句——"我们真的免费送口罩"。

凡是参与本次抽签活动的企业及其员工，都要先入驻一个网络平台。"这样做相当于对企业做了实名制登记，之后也能对员工进行回访，确认大家是否都拿到了口罩。"在这个网络平台上，还提供有八段锦、健身操等各类课程，为职工疫情防控期间的身体健康保驾护航。

"根据疫情的变化，我们有可能还会陆续推出此类活动，为员工生产作业提供安全保障。"赵世洪表示，中国职旅还有一个畅想，希望疫情结束后也可以利用目前的网络平台继续为企业员工们服务。

2月27日　第38天　累计确诊78497例　现有疑似2358例　累计治愈32495例　累计死亡2744例

影像还原真实武汉

2月27日，Vance上传了武汉封城后拍摄的第四段视频，记录下每天卖出200多盒药的店员、每天运送800多个快递的站长、每天骑行30多公里上下班的超市职员、一个月内护送医护人员500多次的志愿者……Vance认为，他们都是被塑造成英雄的普通人。

在拍摄过程中，Vance蓦然发现："武汉原来是座很美很美的城市。"

他第一次拍摄的地点是火神山医院，一帧帧画面记录下建设者们的施工日常：一顶顶红色白色的帽子、一件件荧光色的马甲在一眼望不到头的泥泞中奔忙着。临时搭建的帐篷里，零星坐着的几位工人在匆匆扒拉着盒饭。Vance说，这是他第一次不讨厌渣土车的着急忙慌。"施工现场五颜六色开来开去的挖掘机也显得特别可爱。"

很多Vlog博主拍摄的视频中，封城后的武汉总是被阴霾笼罩。大年初四，Vance背着相机出门，记录下了武汉新年的第一个晴天。

在武汉大学门口，他碰到了唯一一对前来打卡的夫妻：他们在自拍的同时不自觉地摘掉了口罩，露出了笑容。这一天，习惯了熙熙攘攘人群的 Vance 还是第一次穿行在如此空旷的武大校园。

对 Vance 来说，拍摄视频也是为自己和武汉同胞加油打气，这是他向关心、守护这座城市的人表达感谢的方式。Vance 并不讳言，这是他 28 年人生中的至暗时刻，但他始终坚信："不管雨季还有多久，阳光总会回来，再次洒满这座美丽的城市。"

"感谢全世界都在关注武汉这座城市的命运，令我作为一名记录者更有责任与动力去做这件事。我唯一的目的就是帮助大家看到真相，消除恐慌。"从封城后的第一天起，网友 @ 蜘蛛猴面包几乎每天都会发布一条武汉实录。

视频中的主角开始是邀请自己吃年夜饭的朋友，和女友一起照顾老人的发小，再后来是战斗在一线的医护人员，用里程丈量武汉的物资运送志愿者。拍摄的画面里，"蜘蛛哥"会因一位老爷爷颤颤巍巍推着轮椅上的老奶奶吃力行走而感动，他也把一位因送物资而无法照顾三个孩子的母亲的独白置顶在自己的微博。

"不同于电影，真实世界中的英雄不会穿着超人的衣服。"网友的留言，不仅在致敬 @ 蜘蛛猴面包镜头下为武汉做着力所能及事情的普通人，也在致敬众多像他一样的影像记录者。

比如第一个拍摄并发布武汉封城日记的媒体人 @ 林晨同学 Hearing，比如见证了火神山、雷神山两座医院建设全过程的摄影博主 @ 大罗耗，再比如因工作滞留武汉却想守望这座城市的摄影师谢丹……

封城后的记录者们，用影像的方式，将自己的见闻，一块块拼接起来，尽己所能去还原真实的武汉。一帧帧画面在传递勇气的同时，也给予人们希望。

2 月 28 日　第 39 天　累计确诊 78824 例　现有疑似 2308 例　累计治愈 36117 例　累计死亡 2788 例

谢谢你，中国职工之家

“我们并没有做什么，是你们这种无私的奉献感动着我们后方的家属，在这里我深深地向你们鞠一躬……” 2 月 29 日，一封感谢信以邮寄的形式抵达中国职工之家，写信的是北京大学第一医院重症学科护士王颖的母亲高凤英。

王颖作为北京首批驰援武汉的医疗队员之一，于 1 月 26 日出发，至今已有一个多月的时间，始终战斗在一线。其间，母亲高凤英收到了许多慰问品，多到让她有些麻木。

直至 2 月 28 日，一份来自工会的暖心包裹，让高凤英一家有些意外。这份重达 14.6 公斤的“正餐组合包”中，既有包子、馒头，又有酱肘子、米粉肉，还有饺子馅、饺子面团。正如高凤英在感谢信中所写:“您们的细心和周到感动了我: 从食料到怎样加工，从青菜到冷荤，从主食到副食应有尽有，在给我们送这些慰问品之前，您们有多辛苦我能体会得到。”

的确，为北京 1300 多位支援武汉的医护人员家属送上这份包含 3

人 3 天 6 顿的“正餐组合包”的行动过程，充分发挥了工会的组织优势。作为全国总工会的直属单位，自疫情发生以来，中国职工之家酒店时刻关注着湖北。当看到北京医疗援助队出发后，他们想为医护人员做点事的念头便久久挥之不去。发挥自身特长，为医护人员家属送上餐品包的想法便浮出水面。最终，按照全国总工会领导的部署，由中国科教文卫体工会负责联系北京各医院工会；中国职工发展基金会负责规范活动的实施过程；中国职工之家把中央厨房产品的全部利润用于首批物资的准备，同时组织志愿者队伍，负责生产、包装、联系和组织配送等全过程。这次 72 小时的行动立刻展开。

北京支援武汉的医护人员多为女性，做饭成了留守在家的男性最头疼的困扰。稳定援助一线医护人员的“大后方”，细心的工会工作者决定，不仅要送菜，还要送已经准备好的半成品食材，让没有做饭经验的人也能操作。

从前期的医护人员家庭信息整理到中期聘请营养师搭配食谱、召回厨师连夜进行半成品制作，再到后期装箱打包联系快递公司运送……180 多位中国职工之家职工志愿者参与其中，忙碌了整整 3 天，每一个环节都满载着工会人的诚心和爱心。

2 月 28 日至 3 月 13 日，1300 件“正餐组合包”分两批顺利发出。虽然没有参与过如此大型的餐饮集中配送工作，但中国职工之家酒店作为每年全国两会代表团驻地，积攒了不少服务大型活动的经验，特别是在食材的选择和供应上，确保了此次“筑湾”活动成功举行。

随着食品包寄出的，还有一封慰问信，信中写道：“感谢你的家人，感谢他们在抗击疫情一线做出的突出贡献，感谢你们作为家人给予的支持。”当这份感谢送达时，一份份医务职工家属的感谢也陆续传递了回来。

“已收到，我们是回民，百忙之中你们还发清真食品，细心、费心，感谢。”

“你们很细心，按照你们推荐的制作方法炒出来的菜真的很好吃。谢谢你们。”

其间，中国职工之家也曾接到过一通质疑的电话。医护人员家属原本以为自己的家庭信息泄露了，准备打电话上门讨个说法。当得知是全国总工会通过医院工会直接联系落实的援助行动后，十分感动，连声道谢。

前方，医护人员舍小家为大家全力战“疫”；后方，工会干部与医护人员家属相互送上一份感谢，筑牢了小家，更温暖了大家。

2 月 29 日 第 40 天 累计确诊 79251 例 现有疑似 1418 例 累计治愈 39002 例 累计死亡 2835 例

不忘记

前所未有的 2 月终于就要结束了，抗击新冠肺炎疫情成了整个中国在整个 2 月的唯一主线。尽管在湖北、在武汉依然还有很多重症患者正在生死边缘挣扎，但是最艰难的时刻已经过去，人们开始对恢复社会生活常态充满越来越多的憧憬。

疫情趋缓的积极信号显然已经出现。统计数据显示，截至 2 月 29 日 24 时，全国 31 个省区市疑似病例降至千人以下，全国 28 地新增确诊病例为 0，全国累计治愈出院超过 4 万人。

从新冠肺炎疫情暴发到 2 月 29 日，至少有 2835 条生命就此逝去。正如有人所言，这不是 2835 个死亡，是一个人接着一个人死去的不幸，发生了 2835 次。这样一段无比艰难的时光，充满着悲伤与苦难，犹如不幸的钟声回荡在每个人的头顶。在 17 年前我们经历过非典这样超大规模传染病防治战“疫”的背景下，在中国的医疗水平有了长足进步、公共卫生体系建设不断完善的今天，新冠肺炎疫情造成的惨重死亡数字和巨大财富消耗的代价，显然过于沉重了。

苦难陷人于困境，也激励人以新生。过去的一个多月，许多人在危难中重新塑造着自己的面孔，从平凡走向不凡。他们被一股无形的力量感召，用信念支撑起生命和灵魂，用一双双千差万别的手化解苦难。那是医护人员用消毒凝胶反复搓洗后结痂的手，是医院建筑工人沾满泥土和灰尘的手，是志愿者司机被方向盘磨出茧子的手，是口罩工人紧缝针线的手，是外卖小哥握持电动车的手，是社区工作者提满食粮的手。还有许许多多双手在以各种方式用力，一同支撑起整个国家度过这一天以及接下来的每一天。

现在，一批又一批劳动者回到工作岗位，车辆再次汇成车流，商场重新迎来顾客。就像春天的脚步未曾止息，城市恢复生机与活力的变化，也在每天的日子里一点点发生。

我们经历过的这一次举国之战，惨烈和悲壮足以让整个中国时刻警醒，永远警钟长鸣。需要从中汲取的教训不仅是国家卫生体系亟待彻底完善，更是社会治理能力亟待真正提高。对于每一位亲身经历苦难的个体而言，牢牢铭记住为解救这场灾难做出努力甚至牺牲的贡献者，以之时刻检视自己，才是走出苦难、面向未来的应有之义。

这一天，大地正褪去寒衣，万物正孕育勃发。

如有可能，我们应当找到每一位倒在这场灾难中的人，向他们的坟茔献上一朵洁白的小花。

如有可能，我们应当找到每一位在生死关头挺身而出的人，用深深的鞠躬表示无尽的感谢。

武汉早樱陆续绽放　崔萌 / 摄

第二编

战在“疫”线

战“疫”逆行者

2020年春节前，远在上海学习的武汉协和医院感染性疾病科主治医师朱彬倍感焦灼。

疫情暴发后，他所在的协和医院扩充发热门诊和隔离病区，医护人员的工作强度空前加大。当得知医院急需人手的情况，朱彬提出申请回到武汉。然而，几乎所有通往武汉的航班和高铁都取消或停运了。

为了赶回医院，朱彬想尽办法，他先是坐飞机到长沙，然后租了一辆车亲自开回武汉。经过重重坎坷，最终，于1月27日下午成功到达目的地。回到武汉之后，他立刻跟科室主任打电话说：“我回来了，可以接受工作安排。”

朱彬到达武汉的这一天，武汉市第六医院（江汉大学附属医院）骨科护士阮丽萍在她的日记里写下：“1月27日，体温正常的第二天。呼吸困难症状比之前减轻了些，精神也好转了，起来跟查房的护士拍了张合影。三分治疗，七分护理，没有她们的照顾，就没有我们的痊愈。心里也有些遗憾，恨自己不争气，在关键时刻掉了链子，不能跟大家一起并肩作战。”

从1月21日住进隔离病房后，阮丽萍连续发烧了5天，中间因听闻好友父亲感染病毒离世的消息，一度处于崩溃的边缘。但是，她挺住了，没有让病魔将自己带走。2月1日，阮丽萍的核酸检测结果呈现双阴，她说：“那意味着，我很快就能回到队伍，和其他人一起并肩作战了。”

在武汉这座近乎“停摆”的城市里，所有的医院却像飞速旋转的陀螺一样，上万名医护人员与病毒周旋，穿梭在一个个隔离病房之间。湖北省中西医结合医院呼吸与重症医学科主任张继先慨叹，她从来没有在医院见过这么多病人。

在这场难以估量的疫情里，一切都变得不同于往常，就连网络直播这种社交方式也被重新定义、刷新。

这一次，摄像头对准的不再是网络红人，而是一个庞大的医院建设工地，其中建筑工人的身影、来回移动的叉车和混凝土运输搅拌车被大众尽收眼底，最高峰时有7000万人同时在线观看火神山医院建设。不难想象，如此庞大的在线观看人数背后，埋藏的是一颗颗对阻击疫情怀着殷切希望的心。

火神山、雷神山两座医院无疑承担了全国上下的重托，它们要重现17年前的“中国奇迹”——用10余个昼夜建成武汉版小汤山医院，为病人收治提供充足保障。这个奇迹，目前已经在全国多个省市轮番复制，众多版本的“小汤山医院”在迅速崛起。

通过电视直播的画面，严美玲在火神山医院的建设工地上看到了丈夫翟勇的身影，她特意给翟勇发了一条微信：“下雨了，后面那个是

武汉楼宇广告屏幕打出“中国必胜，武汉必胜”标语　　郭良朔／摄

你吗？”

29岁的翟勇第一次在工地上度过了除夕，但他并不感到孤单。上千名工人在工地上相互陪伴，他们此刻怀着共同的目标——为开辟出一座挽救生命的庇护所加速。

出租车司机林庆懂得挽救生命的重要性，他从1月27日就开始无偿接送医护人员出行。为了及时将医护人员送到医院，每天天还没亮他就踏出家门，一天就把武汉多个区跑了个遍。他考虑过被感染上的可能性，但想到这样做能实际帮到在一线奋战的医生和护士，便也觉得值了。

环卫工满彩美更擅长换位思考，在承担医院清扫保洁任务后，她每天只能通过视频电话跟孩子报平安。女儿问她：“妈妈，你为什么要去医院？”她回答说：“打个比方，如果妈妈住院了，没有人愿意照顾帮忙，妈妈怎么渡过难关呢？”

众志成城，共克时艰。疫情之下，武汉市大量奋战在一线的劳动者们直面挑战，他们中既有身处最前沿的医务工作者，也有埋头苦干的建筑工人，更有在大后方保电、输气、供水的职工。无论身处何种岗位，他们奋然前行的身影汇成了汹涌人潮中的逆行军。正如钟南山所说：“武汉是一座英雄的城市。”英雄从未走远，他们就在眼前。

| 千里驰援 |

1月24日，除夕夜，晚上8时左右，武汉市金银潭医院院长张定宇接到武汉市卫健委的电话，被告知解放军陆海空3支450人的医疗队将分别从上海、重庆、西安三地乘军机连夜驰援武汉医疗一线，于当

满载中国海油紧急筹措调配的 1800 套防护服、2 万只口罩、2 万公斤 84 消毒液等疫情防控物资的车开往武汉

李佑坤 / 摄

晚 11 时左右抵达天河机场，其中，陆军军医大学医疗队将支援金银潭医院。

听到这一消息后，张定宇和团队兴奋不已。由于近一个月来金银潭医院医护人员严重不足，护士原本两小时的交接班时间被拉长至四五个小时，医生更是出现严重的体力透支情况。要知道如果医护人员的免疫力下降，则会加大感染病毒的风险。他说："现在援军来了，压力将减轻不少。"当晚 10 时许，张定宇又收到第二个好消息，上海医疗队 136 名医护人员也将进驻金银潭医院，于次日凌晨 2 时抵达。

封城的武汉，并不是孤岛。14 亿人的目光，聚焦武汉，关注湖北。星夜兼程的驰援，不问出处，不计得失。

在同一个除夕夜，上海、广东以及军队的多支医疗队纷纷组建起来，向武汉出征。南方医科大学南方医院选派了 24 名医务工作者支援武汉，他们都曾在 2003 年抗击非典时赴北京小汤山医院参加支援。在队长郭亚兵和队员王晓艳的共同倡议下，全队 24 名队员毅然写下请战书，向组织请战："若有战，召必回，战必胜！"

为了加强对湖北的支援力度，国家卫健委制定了一省包一市对口支援政策，最终确定由 19 个省市对口支援武汉以外湖北的 16 个地市，实现支援全覆盖。一时间，各省的援鄂医疗团队迅速集结，"驰援武汉"的声音响彻全国。

2 月 7 日上午，紧急组建的山东大学齐鲁医院医疗队和四川大学华西医院医疗队在武汉天河机场相遇。他们互相喊话："你们是哪个医院的？""华西医院的！""我们齐鲁的！一起加油！"这一幕，触动了无数国人。

截至2月12日，国家卫健委从全国共派出189支医疗队、21569名医护人员支援湖北省的医疗救治工作。随着北京协和医院、中南大学湘雅医学院、齐鲁医院、华西医院四大拥有百年历史的医院会师湖北，全国各地的援鄂白衣战士掀开了一场与新冠肺炎的激烈搏斗。

医护人员来了，物资也来了。疫情暴发以来，各物流企业开通绿色通道提供免费运输服务，全国乃至世界各地捐助武汉市的医疗物资源源不断地送往各大医院。除了医用物资，还有山东寿光的蔬菜，内蒙古呼和浩特的牛羊肉，也纷纷抵达湖北。

据统计，国家多个部委以及各兄弟省（区、市）支援湖北省各类医疗物资累计达到1000万件次以上；社会各界捐赠的医疗防护物资也达到1000万件次以上。截至2月11日，铁路装运疫情防控保障物资达4942批、5.8万吨；民航系统共保障应急物资运输航班9875次航班，运送防控物资累计12455.7吨，运送医护人员20604人次；海关总署共验放防控物资8.7亿件。

疫情当前，全国上下都时刻惦记着武汉和湖北的疫情防控情况，一位位普通劳动者也纷纷站出来，将一份份朴实的情意传递到战“疫”前沿。

农历大年三十这天，退伍老兵王国辉，从河南省沈丘县自驾300多公里到武汉火神山医院建设现场，将自己种的4500公斤蔬菜捐献给项目部。经过长途奔波，到达时已经是晚上9时。他说，尽管已到年关，但看到武汉各种食材需求紧张，他还是毅然出发了。“把菜送到，心里才踏实。”

这场疫情也牵动着边境群众的心，云南省红河州河口瑶族自治县莲花滩乡石板寨村坡头小组组长盘海金发动全村村民积极行动起来，93户村民捐出了22吨香蕉，先由摩托车把香蕉送到公路上，再由大货车集中运往湖北省黄石市新型冠状病毒肺炎疫情防控指挥部物资保障组。

虽然严峻的形势迫使武汉不得不暂时进入隔离状态，但来自武汉之外的关切与帮助一直没有停息，全国上下都在以各种各样的形式帮助着这块急需呵护的土地。

| 助力生产 |

距离除夕还有3天，医卫生产企业员工龚小程刚一进家门就倒了盅白酒："爸，今年过年我不能在家过了。这杯敬你，就当年夜饭。"全国各地医护人员在一线奋战的画面让他泪目，在接到厂里通知后，龚小程义无反顾地回到岗位上。

同样，回程的队伍中，还有同事周晓梅，她说："现在情况特殊，召唤就是命令，为了大家的健康，少歇几天不算什么。"

1月22日，和他们一起放假返乡的120多名员工重新在浙江杭州建德杨村桥镇的"朝美日化"工厂集结，加入N95口罩和医用口罩的生产中。

疫情防控形势严峻，口罩占据急需物资榜首。然而，一条条生产线却面临着工人返乡、原料停供、物流停运的困境。

在上海，一批批志愿者的加入，缓解了生产的难题。

2月1日上午7时，施伟铭终于走出了生产车间。他更新了自己的朋友圈——经过一晚上的努力，30万只口罩产量已达成。彼时，施伟铭和车间里其他志愿者一起，已经连续奋战了十几个小时。

黄冈供电公司电力工人为黄冈大别山区域医疗中心安装应急照明灯，并为黄冈“小汤山”提供可靠电力保障

姚苏文 / 供图

位于上海松江区的一家疫情口罩指定生产厂里，除原本的工人外，几十名从其他地方驱车赶来的志愿者进行必要的培训后，也加入了昼夜赶工的流水线中。

潘艾方是上海市人大第一批农民工代表、全国三八红旗手，在朋友圈中看到了招募消息后，她第一时间报名参与。“除了一线医务工作者，我们每个人也能为防控这场疫情做些事。”

据工信部的信息显示，截至 1 月 23 日，全国已经有 30 家口罩生产企业复工，日产量超过 800 万只。其中，上海市口罩的日产能就达到了 180 多万只。

抗击疫情，不仅是劳动者的责任，更体现着企业的担当。距武汉地缘较近的湖北省仙桃市，截至 1 月 26 日，已有 35 家无纺布生产及加工企业复产，日生产口罩 270 万只，医用防护服 2 万件。

“布一出来就被抢走了，好多企业排着队要。”虽然仙桃市规模以上无纺布生产及加工企业有 140 多家，出口量占全国的近三分之一，但面对每天数以万计的消耗量，医用物资依然供不应求。为全力保障下游企业的医用物资生产，仙桃市辉煌塑料公司从外地紧急订购原料，每吨价格比平时整整高出 2 万元。公司负责人严银生说：“只有看到制布机高速运转，原材料成垛堆放，自己才会感到心安。”

北京，人员进出密集，不能成为下一个“武汉”。这座曾经历过非典重创的城市，在防疫部署方面，一刻不敢怠慢。防疫物资的生产，也是重中之重。

从提出建厂需求到确定选址，再到跑完所有审批手续达到生产条件，北京经济技术开发区给出了 7 天的答卷。大年初七，联合康力医疗器械公司生产车间正式落地亦庄，现有设备在百万级洁净间的厂房开始发出轰鸣声，月产千万只口罩，主要满足抗击疫情的一线需要。

随着新冠肺炎疫情蔓延，复工人数增多，为缓解一“罩”难求的局面，众多企业开始试水跨界生产。

据天眼查数据显示，2020 年广东省企业新增医疗器械的厂家就多达 414 家。2 月 9 日，广东顺洁柔纸业股份有限公司对外公告将要开展生产、销售医用口罩业务；2 月 11 日，广汽集团第一台口罩生产设备开始进行安装和调试。

作为我国最大的医卫用材料供应商，中石化受国资委委托，也已与合作伙伴对接完成 11 条口罩生产线。各类生产线投产后，至 2 月底全国有望日供口罩 2 亿只。

为了保证生产出的医用物资能尽快交付，铁路和公路运输也在最大限度保证运力，与疫情赛跑。

“这趟作业中挂有 12 辆武汉方向的援助物资车厢，抓紧时间作业，作业计划放在信号机上面了……” 1 月 28 日 15 时 45 分，陈林听到对讲机发出的指令。

作为亚洲最大的铁路编组站，郑州北站被誉为中国铁路的“心脏”，驼峰连接员陈林的主要工作，就是小跑着紧跟时速 10 公里左右的货物列车，快速地摘开连接车辆的风管、车钩，使车辆分离溜向指定的股道进行集结，重新编组成新的列车发往全国各地。“我要尽快摘好每一钩，让这些援助物资在我这个环节不耽搁一分钟，早一点到达武汉，就是我对抗疫的一点点贡献。”陈林说。

疫情就是命令，运输即是保障。肺炎疫情发生后，为做好应急物资运输运力准备，广东省交通运输厅开通“特事特办”审批绿色通道，迅速发放应急物资运输通行证，并及时将有关信息告知沿途各省份交通运输部门，确保应急物资运输不停车、不检查、不收费和优先便捷通行，以便快速送达防控第一线。

一位位劳动者、一家家企业、一段段铁路与公路交织成的网线，串联成一条条阻隔病毒的生命防线，让一批批急需的医用物资，抵达战“疫”的最前线。

| 工会来了 |

有劳动者的地方，就有工会组织的身影。

疫情当前，中国工会第一时间响应。

1 月 28 日，在防疫物资相当紧缺的情况下，满载 200 吨消毒剂的几辆货车，一路疾驰，分别抵达湖北荆州、孝感、仙桃、天门、潜江等地。这是来自全国总工会的第一批捐赠物资。经全总多方联系，通过中国能源化学地质工会并在江汉油田工会的协助下完成采购，交由当地新冠肺炎疫情防控指挥部统一调度使用。

当悬挂着“全国总工会与湖北人民在一起”红色标语的长挂货车出现在疫情风暴中心时，这批物资也在向当地职工表达着一句话：别怕，工会“娘家人”来了。

就在前一天，全国总工会向全国广大职工和工会干部发出了关于抗击新冠肺炎疫情的倡议书，明确提出要坚决响应党中央号召，坚决贯彻落实党中央、国务院的决策部署，迅即行动起来，为做好疫情防控工作贡献智慧和力量。

北汽福田汽车股份有限公司发动机事业部，员工正在加紧生产救护车发动机，驰援湖北　　杨登峰 / 摄

按照全国总工会关于做好疫情防控工作提出的明确要求，工会系统吹响了抗击疫情的行动号角。

“娘家人”的温暖首先直抵战“疫”一线，为参与疫情防控工作的医护人员、公安干警、环卫工人、物资保障人员、社区防控工作者、疫情防控重点工程项目建设者等职工送去慰问。

湖北省总工会第一时间下发专项慰问金 200 万元（含全国总工会 100 万元），慰问全省参与防疫抗病工作的医护人员和相关人员，后追加下拨 1000 万元，专项用于慰问奋战在疫情防控一线的职工。

与此同时，全国 31 个省区市纷纷行动，从工会经费中设立“防控专项资金”，并陆续对慰问金救助对象、标准做出细化。

河北省总工会对省卫生健康委选派的援助武汉医疗队队员，给予每人 5000 元慰问金；山东省总工会对全省疫情防控物资重点生产企业的一线在岗职工，每人发放慰问金 1000 元，由企业工会第一时间实名制发放到职工手中。

更值得关注的是，上海市总工会将新型冠状病毒肺炎列入职工互助保障重大疾病范畴，且不增加任何参保费用。患上新冠肺炎的参保职工，最高可获得特种重病保障金 9 万元。

一份份及时的补助保障，无形中为奋战在一线的职工撑起了保护伞，这样的保障也在广东、黑龙江等地陆续推进。

突如其来的疫情，被迫延长的假期，放慢了职工返工的脚步，却不能停滞工会帮助职工提升技能的步伐。

河南省总工会通过“豫工惠 App”平台，筛选出 156 个工种、67 万多道试题，开展全省职工“网上练兵”活动，倡导未返岗复工职工居家参与网上学习、网上答题、网上练兵及闯关竞赛。面对疫情，工会组织发挥“互联网 +”优势，以新载体新手段深化劳动和技能竞赛的节奏也在加速。

同时，随着各大企业陆续复工的到来，如何妥善处理好企业与职工的关系、维护职工合法权益成为工会“娘家人”行动的重点。

为此，工会发出了通过“集体协商”让中小企业渡过难关的呼声。上海市青浦区总工会提出建议，将“集体协商”变成一架双向沟通的桥梁，企业工会可以动员号召资方和职工双方坐下来协商，“责任共担，风险共挡，问题共商、利益共享”。

广东省人社厅、省总工会、省企业联 / 省工商联劳动关系三方通过电话沟通、邮件协调，共同发出《致全省广大企业家和职工们的倡议书》，并提出可以通过集体协商，与职工协商采取调整薪酬、轮岗轮休等方式稳定工作岗位，尽量不裁员、少裁员，保持劳动关系稳定。

以职工为中心，为职工送去温暖与保障的工会行动一直都在继续着。

看，“平安复工”来了——厦门市总工会联合有关单位启动点对点免费返厦包车行动，首批车辆承接了11家企业的员工返厦，解决了企业复工难的问题。

看，“心理援助”来了——北京市总工会在基层建立的270家职工心灵驿站行动了起来，通过心理热线电话、危机干预、重点人群心理辅导等方式，为广大职工减压赋能。

看，“就业创业援助”来了——安徽省总工会在安徽职工服务网及各级工会职工服务网提供2000家以上企业、10万个以上就业岗位，举办百场以上工会网上专场招聘会，促进万名就业困难人员实现稳定就业。

面对疫情，要守土负责、守土尽责。按照全国总工会要求，各级工会把疫情防控工作作为当前最重要、最紧迫的工作，尽最大努力为遏制疫情扩散蔓延、维护社会大局稳定贡献着能量。数以万计的劳动者重回岗位，保障着生产线的运转，保障着城市的运行，保障着居民的生活。一如往昔的劳动画卷正在徐徐展开。

战“疫”中，每一位劳动者的逆行坚守，都好似一缕阳光，终能汇聚成庞大的力量，支撑人们向阳而生。

开往武汉的 330 辆货车

农历正月初一早上 9 点，本已回到河南驻马店老家的武汉市美慧物流有限公司负责人张涛做了一个决定——启动公司的 330 辆货车，发动货车司机，志愿前往武汉运送医护物资。

此时，距离中国工程院院士钟南山肯定新型冠状病毒存在“人传人”现象只过去了 5 天，距离武汉市政府发布“封城”决定刚过去两天。此时，新冠肺炎疫情逐渐在全国蔓延，没人知道它的触角究竟要伸向哪里。

张涛在公司微信交流群里发出通知后，立刻得到了多数司机的支持。分散在全国各地的司机们，还没有在安定温暖的家乡停留几天，就纷纷和家人告别，怀着一片赤诚，驱车穿过一段段寂静的高速公路，直奔疫情中心——湖北省武汉市。

| 武汉不孤单 |

作为这场疫情的风暴眼，武汉市俨然进入全城戒备状态。1 月 24

张涛（中）和医护人员合影

日，根据《湖北省突发公共卫生事件应急预案》，湖北省新型冠状病毒感染肺炎疫情防控指挥部决定，启动湖北省重大突发公共卫生事件Ⅰ级响应。自1月25日0时起，武汉市过江隧道关闭，三环内（含三环）过江桥梁通行实施体温检测管控；自1月26日0时始，除经许可的保供运输车、免费交通车、公务用车外，中心城区区域实行机动车禁行管理。刚跨过农历新年的武汉，正在与疫情进行一场残酷的搏斗。

新型冠状病毒何时能被消灭，人们不确定，但可以确定的是，只要一起用力，病毒总会有消散的一天。疫情发生以来，千千万万的普通民众将爱心兑换为成箱的医用口罩、护目镜、消毒水、防护服，越过千山万水抵达武汉。

湖北楚天广播电台在得知张涛可以无偿提供医护物资在武汉的转运

服务后，向大众广播了张涛的联系方式。此后，一拨拨捐赠者联系到张涛，在武汉市演绎着一场场爱心接力。

捐赠者先将接物资地点、接物资时间、联系人、目标单位提供给他，他再把物资运送任务分派给其他志愿者司机，共同完成物资的运送。

“捐赠者常常不会告诉我他们的名字，他们只会交代医护物资的运送信息。”张涛说，令他印象最深刻的捐赠者是一位化妆品公司的老板，她先后两次捐赠了200桶总价值14万元的医用酒精。除了有来自国内的捐赠物资，还有来自海外的爱心捐赠，例如，来自美国的50万只N95口罩，来自日本的2万套防护服，以及外企捐赠的3000台空气净化器。

2月5日，张涛还接到了一张特殊的物资转运单——送往各个医院的1万箱苹果。要把这些苹果送往目的地，张涛要调用大小货车42辆，他说：“今天又要忙到通宵了。”

| 物资不停歇 |

从1月25日至今，张涛和其他志愿者司机平均每天接到20个物资运送单，每张单子要调用20多辆车。他每天的行程基本固定，一旦接到捐赠者的运送需求和货物到达地点、时间，他就和其他司机立刻动身前往武汉天河机场或者花山港码头，将一箱箱医护物资装进车厢，第一时间运往医院。新闻上频频出现的火神山医院、协和医院、金银潭医院等地，他已经往返过多次。

为了不耽误物资运送，确保随时能出发，从到武汉那天开始，张涛已经连续在货车上睡了十几天。有时候，凌晨接到单子，他也会强忍着睡意爬起来，发动货车上路。高强度的工作状况下，他每天只能睡 3 个多小时。忙得没时间吃饭，加之武汉街头的饭店都已停止营业，每天一桶方便面，便是张涛唯一的食品。

鉴于司机们外出频繁，接触人员较多，张涛采购了一批防护用品提供给司机，一些爱心志愿者还免费赠送给了他们一些口罩。幸运的是，志愿车队的司机未发现感染病毒的病例。当被问及是否担忧感染上病毒时，张涛说，他顾不上考虑那么多。

据张涛估算，整个志愿者车队无偿运送的物资价值总计已经超过 1.2 亿元。尽管每天都在拼尽全力地往医院输送物资，但是手机上不时跳出的物资紧缺新闻还是会让他困惑。

像张涛这样奔赴武汉疫情一线的车队还有几十家，他们不知疲倦地奔波在公路上，为这场疫情的早日退去贡献一份力量。张涛想待疫情得到有效控制之后才撤离车队，至于那一天什么时候能到来，他并不清楚，他笑着说：“最好明天就能结束。”

抗疫斗士中的物资人

“喂，今天有一批口罩要运送至国网湖北物资公司丹水池仓库，请蔡主任配合接洽入库！”

“喂，今晚有一批防护服要运送至国网湖北物资公司丹水池仓库，请蔡主任配合接收！”

“喂，明早 7 点有一批防护手套到货，这是司机电话，请蔡主任联系安排入库！”

这位蔡主任，名叫蔡健，是国网湖北物资公司物资供应部主任，一名共产党员。通过电话对洽抗疫应急物资到货情况和安排应急物资入库，是抗疫阻击战全面打响后他的工作日常。

“人生有多少个十年！”是他常挂嘴边的一句话，今年 52 岁的蔡健，在工作生涯的最后十年做了一件“普通”的大事：新型冠状病毒肺炎疫情暴发后，他毅然决然地留在了武汉。

1 月 28 日，由蔡健牵头，集体向公司请战，放弃休假，来到抗击疫情的第一线。他带领的这支队伍，是国网湖北物资公司抗击新冠肺炎

蔡健带领的队伍成为国网湖北物资公司抗击新冠肺炎疫情应急物资保障的主力军

疫情应急物资保障的主力军。

市区禁行，蔡健每天往返于丹水池仓库和自己的家里，来回近 30 公里。从春节放假前，蔡健就一直在尿血，大年初一因疼痛难忍彻夜未眠。大年初二去医院检查，结果是肾结石复发，勉强打了半天针。

1 月 28 日接到公司通知后，蔡健马上赶到公司仓库，制定疫情防护物资出入库预案和应急排班表，并安排后续工作。“别人放假的时候，你在工作；别人居家防护的时候，你在工作；别人睡觉的时候，你还在工作。”妻子抱怨说。

随着抗击新冠肺炎疫情的持续深入，各类防疫物资正在紧急运往武汉。这是一场与生命的赛跑。“早一分钟建起医院，就能为湖北武汉战胜疫情提供有效的补给！把必需的物资送到位，就能让武汉‘小汤山’

早一分钟通上电！”蔡健说。

防疫物资到库后，蔡健总是扛起第一件，走在最前面。“我这样做的主要原因其实只有一点，要消除我们队伍的恐惧。我是主任，决不能老是在后面指手画脚，让职工冲在危险的第一线，那是不可能的，共产党员在宣誓的时候就承诺，把国家和人民的利益放在第一位，迎着困难上。”

蔡健的同事讲了这样一个故事：20 年前，蔡健在巴基斯坦做电厂援助工作时曾碰到过恐怖分子想要抢劫财物，被枪指着脑袋的蔡健拼命跟歹徒对抗，用身躯保护了国家资产不受损失。

自防疫战打响以来，在蔡健的努力下，国网湖北物资公司建立了疫情期间丹水池仓库应急预案，成立了专项工作组，制定了仓库管理人员、门卫、搬运工 24 小时值班表。自 1 月 31 日第一批防疫物资入库以来，短短几天，丹水池仓库已安全、高效完成四批总计 8.3 万件各类应急物资的入库和发放工作。

（邢芳卉 | 国网湖北省电力有限公司物资公司）

一针一线缝紧防护线

1 月 27 日，大年初三，新疆维吾尔自治区乌鲁木齐市。

缝纫女工马奥妮正“闭关”在家，积极响应国家不出门、少出门的防疫号召，准备度过一个安静的春节假期。

“嗡嗡嗡……”当晚，一条来自微信工作群的信息瞬间打破了这份平静。

在全国防疫用品告急的情况下，新疆唯一拥有生产医用口罩资质的企业——新疆乐贝尔贸易有限公司遇到了复工难的窘境。紧急关头，马奥妮所在的天山纺织（集团）有限公司立即在微信群中向职工发出号召，准备选派一批拥有多年工作经验的操作骨干驰援生产。

“收到，我们都应该行动起来，时刻准备着。”接到消息后，没有片刻犹豫，马奥妮立刻在微信群中回复说。

彼时，新疆维吾尔自治区累计报告新型冠状病毒肺炎确诊病例 5 例，其中，乌鲁木齐市 4 例、伊犁州 1 例。同时，累计追踪到密切接触者 204 人，正在接受医学观察。

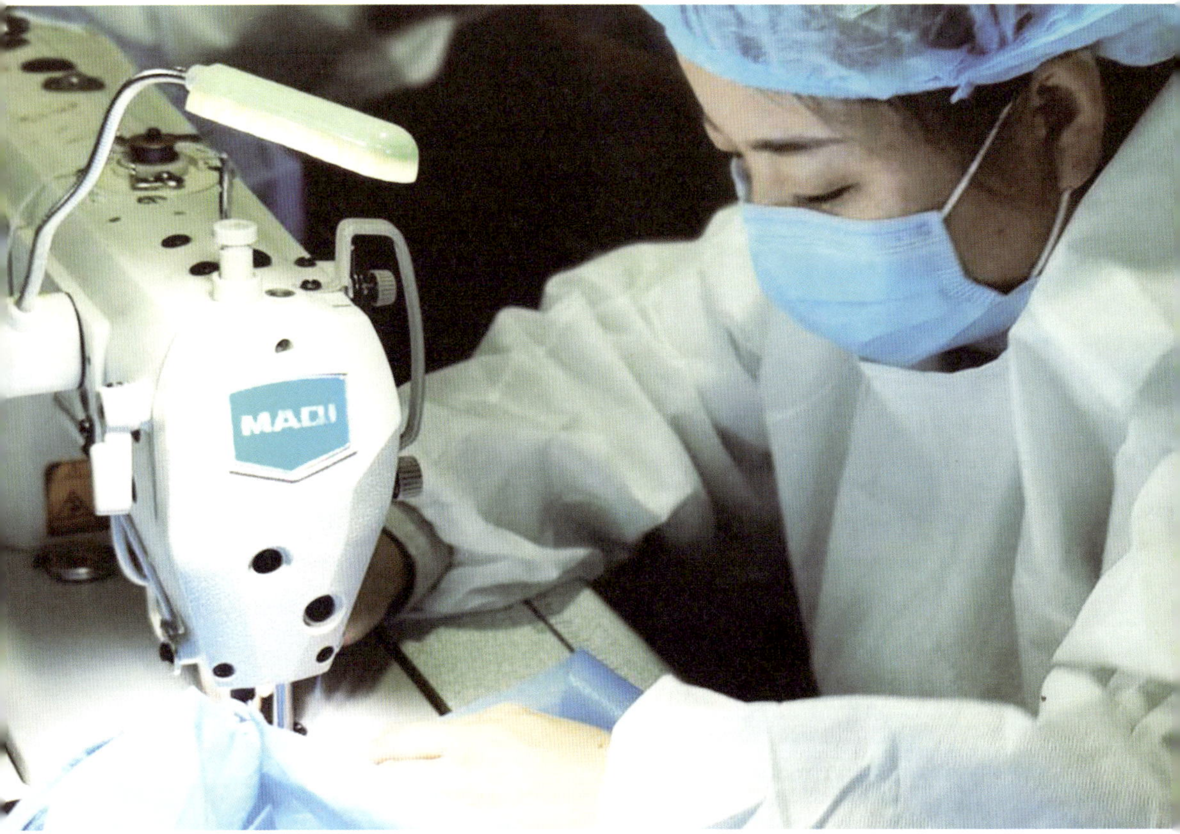

马奥妮凭借着多年的缝纫经验，以最快速度投入隔离服生产中

这些数字每天都在牵动着自治区职工的心，马奥妮也是如此。第二天，她便成为天山纺织第一批驰援乐贝尔生产防疫用品的缝纫工之一。

每天缝制 12 小时

为了降低职工上下班的感染风险，公司将驰援职工封闭在厂区内，提供食宿，并以最快速度为职工准备了新床单、新被褥。驰援的缝纫工也由最初的 5 名增加到 14 名，不断加大生产量。

天山纺织主要以生产羊绒衫为主，公司的缝纫工都没有缝纫隔离服的经验，但是，这些问题在马奥妮看来都不是难事儿。

今年 42 岁的马奥妮已经在天山纺织工作了 14 年，同样，工作了近 20 年的艾霞是厂里公认的“操作能手”之一，同车间女工李萍还参加过 2003 年阻击非典疫情的生产……

“经过简单的培训，我们上手都特别快。”马奥妮和工友们凭借着多年的缝纫经验，以最快速度投入隔离服生产中。

从大年初三开始，她们要从早上 10 点一直工作到晚上 10 点，每天连续缝纫 12 个小时。

缝制一件隔离服需要先将布料剪裁好，经过轧腰绳、合袖子、缝制袖口皮筋、合肩、上袖子等缝制步骤，最后打包、消毒才算完工。

马奥妮负责的就是缝制袖口皮筋的步骤。缝制中，她要用左手拉住皮筋，右手按住布料，一个动作不断重复。一天下来，手指、手臂、肩膀都痛得要命。

“连续工作确实很累，但是，想想那些在一线治病救人的医生，我们必须得咬着牙坚持干下去。”几天来，马奥妮和工友们相互打气、加油，有时候真的太累了，她们就大喊几声，但手上仍在不停歇地缝制。

| 隔离病毒不隔离爱 |

“你去吧，家里有我呢。”这是临到岗前，丈夫对马奥妮说的话。

马奥妮是两个孩子的妈妈，儿子 19 岁，女儿 6 岁。加紧生产的几天里，她最放心不下的也是家里的两个孩子。女儿得知妈妈之后几天都不能回家的消息时，大哭了起来。马奥妮只能强忍着情绪，耐心给女儿讲述“什么是疫情”“妈妈要去干什么”，并保证和女儿每天视频。

几天来，孩子们的鼓励成了她缓解疲劳和压力的法宝。每天晚上，马奥妮都能收到儿子发来的问候信息，每一句“妈妈您辛苦了”都让她很感动。儿子性格内向，平时不善表达，这次短暂的离别，让她觉得儿子长大了。

几天来，她也在履行对女儿的承诺，每天坚持和女儿视频一次，即使是工作到凌晨 12 点的那一天。“每次看她情绪挺好的，没有再哭，我也就放心了。”马奥妮说。

隔离病毒，不能隔离爱。这份爱，有对抗疫一线劳动者的助力，也有对家人的牵挂。马奥妮说，等疫情过去了，她想好好休息一下，用更多的时间陪伴家人，特别是自己可爱的小女儿。这次疫情也让她看到了健康的重要性，更加珍惜和家人在一起的时光。

当然，在这个愿望实现前，马奥妮和工友们仍要坚守在生产一线。她们缝制的每一件隔离服，将由此为起点，传递至更多抗击疫情一线的劳动者手中。她们用一针一线缝起的，是一道道阻隔病毒的防护线。

请战到隔离病房做保洁

自从驻扎进武汉协和医院西院那天，环卫工朱连芳很难再睡得安稳。

1 月 28 日，朱连芳带领所在班组的十几名有相同意愿的环卫工，向上级递交了请战书，请求加入防控疫情一线，协助消毒保洁工作，并承诺随时准备入驻医院。当天，她和其他 14 名环卫工便被分配到武汉协和医院西院。

朱连芳是土生土长的武汉人，她在这座城市生活了 46 年，从事环卫工作已经约 20 个年头。此次，她一直密切关注着新型冠状病毒肺炎疫情，眼看着确诊病例数不断攀升，她实在按捺不住想要加入前线的冲动。

| 驻在医院 |

朱连芳有两个儿子，其中一个也是环卫工。儿子也有上前线的想法，但被她按住了。她说：“家里还是要留一个看门的人。”

朱连芳向上级递交了请战书，请求加入防控疫情一线，协助消毒保洁工作

正式上岗前，医生和护士严格指导了她们防护服的穿戴方法。那是一套相当复杂的流程，完整穿戴下来要花费 20 多分钟，且必须要靠其他人的协助才能穿戴完整，稍有不慎就会有感染的风险。

武汉协和医院西院住院楼 7 层，是朱连芳负责的片区。整层楼一共有 50 多张病床，多为重症患者。每天从上午 6 时 30 分到下午 5 时 30 分，她就一直穿梭在这 50 多张病床间，喷洒消毒水，清扫挂在每位重症患者床前的大小便袋，带走病房里的生活垃圾。此外，她还要进出隔离病房两次，上午下午各一次，把所有病房进行全面消毒、清理。

“在医院的工作非常累。”朱连芳说，在防护服、三层医用口罩、护目镜、手套的层层包裹下，很容易由于呼吸困难造成缺氧。为了减少防护服的穿脱次数，医务人员乃至环卫工们都坚持不喝水，或者提前套上纸尿裤。

一层楼清扫完毕要用 4 个小时左右，每次从隔离病区出来，脱下防护服后，朱连芳都要认真地洗一回澡。

待在医院的这段时间，朱连芳对自己的体温有了详尽的认识。一天 3 次体温测量，早中晚各一次，一旦出现体温异常，事情就会转入另一个轨道。好在她的体温一直维持在 36 这个数字上，没有异常状况。每次量体温前，她都不可避免地紧张，但她又会想方设法打消那些负面情绪。毕竟，在医院里工作，学会心理调节是“必备功课”。

| 生命修罗场 |

进医院前，朱连芳低估了她的工作量，更准确地说，应该是高估了自己的承受力。

隔离病房就像生命的修罗场，它无情地见证着生命的到来与离去。看到医院内不断增长的住院病人以及一张张被推走的病床，朱连芳只能悲伤地陷入沉默。

待在医院的这段时间，朱连芳总是要从别人嘴里了解武汉的天气——放晴或是下雨，阴沉或是多云。她没有心思透过窗户看医院外面的世界，她也不了解武汉又出现了什么新变化。有时候，她的亲人会打个问候电话，那是她和外部世界重新连接的时刻。

某种程度上说，朱连芳是幸运的。她身边所有的亲戚朋友暂时还没有一个人感染上新型冠状病毒，但为了保险起见，她还是叮嘱家人不要出门，不要随意走动。“不怕一万，就怕万一啊。”她说。

事实上，在武汉，几乎所有的小区已经全面禁止出入。如果需要出门采购食物，出入小区必须经过一整套严上加严的防治措施。首先，要在小区门口测量体温，记录个人信息，身体表现无异常后发放一个健康证，只有持这个健康证才能进入超市或商场。

这场疫情就像一场大风暴，呼啸而来，急速且强烈。朱连芳回想起疫情刚开始时的样貌，那时，人们还只是对华南海鲜市场留有警惕心理，以为只不过是一场小风波，不料它竟会席卷整个武汉乃至全国，一切都快得让人回不过神。

考虑到环卫工的工作强度过高，按照安排，朱连芳会在 2 月 8 日左右撤出医院。随后，新一批环卫工将会接替她们进驻到协和医院西院。离开医院后，她先要去一家酒店在医生的陪护下进行隔离，如果身体无明显症状，14 天后方可回家。

驻扎在武汉协和医院的这些日子，朱连芳总是睡不好，每天看到新闻上逐日攀升的新增病例数字，她总要难过一阵。躺在床上睡不着的时候，她心里会想很多问题，比如，什么时候疫情才能结束？能不能研制出针对病毒的药物和疫苗？病房还能不能再多一些？

无论如何，朱连芳尽职尽责地完成了在隔离病房的任务。虽然还要再接受一段时间隔离，但出来时已经是半个月之后。到那时，朱连芳也许已经得到了她想要的答案。

防疫保电战线上的女工匠

“全水分 7.2%、灰分 20.18%、挥发分 32.76%、硫分 0.38%、弹筒发热量 23.28MJ/kg……”作为京能集团河北涿州京源热电燃料管理部燃料化验员的郭映峰，总是能脱口而出这一长串专业数据，一脸的从容淡定。外表柔弱的她，在工作上却是一个雷厉风行、一丝不苟的女汉子。

2020 年春节，突如其来的新冠肺炎疫情为发电企业带来了严峻挑战，如何统筹推进安全生产和防疫工作成为企业任务清单中的重中之重。

“班长，化验员里我最年轻，假期没外出，身体也没啥事，我到厂里驻守吧。”刚得知涿州厂区要封闭运行的消息，郭映峰就主动提出了值守一线的申请。“儿子说了，去年我准备全国大赛一走就是两个多月，这回只去两个星期，他和他爸爸都能接受。”家人的支持与理解，让郭映峰一门心思扑在了工作上。

燃料作为发电机组的“粮食”，安全供应至关重要。疫情防控期间的来煤特别集中，有时会同时有 7 份煤样等待化验。“活多人少，加油

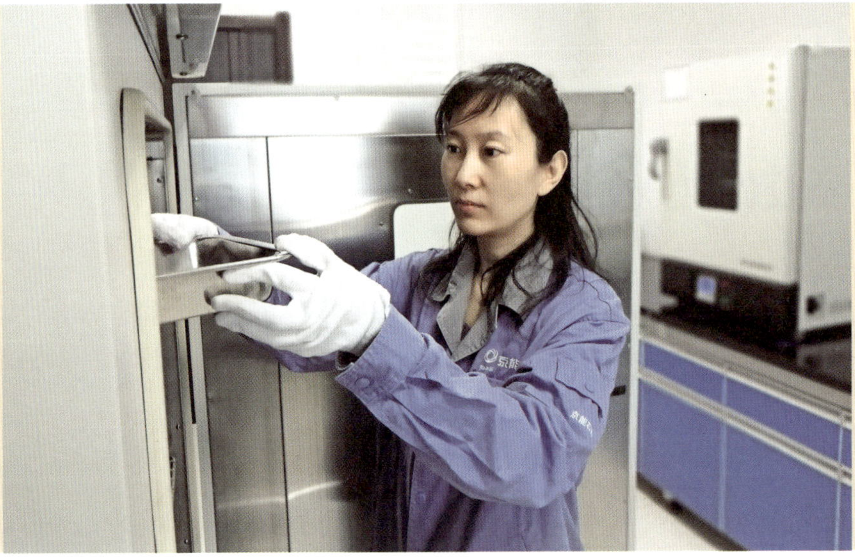

疫情期间，郭映峰主动值守一线，作为燃料化验员，她必须确保得出的每一个化验数据都准确可靠

干吧，啥时候都不能耽误工作。”已分不清工作日还是休息日的郭映峰一早来到实验室，预热设备、清洗工器具，动作娴熟且专注。

煤样被一勺一勺地放到天平上称量，重量必须精确到万分之一，郭映峰明白，燃料费占公司成本的绝大部分，作为燃料化验员，她必须把好燃料的关，确保得出的每一个化验数据都准确可靠。

水分、灰分、挥发分等燃料化验工序复杂、指标多，为了尽快测出数据，需要几个实验穿插进行。实验不同，步骤和注意事项也不一样。郭映峰在量热室、高温室、定硫室之间来回穿梭，查看走样是否顺利，温度是否合适，时间是否精确，紧盯各个环节。由于经常清洗仪器，她的手越来越粗糙了，但她毫不在乎，依然忙碌地工作着。

“化验速度要快，数据也必须准确，要敢拍着胸脯跟人说我的数据没问题。”郭映峰一边整理着刚出炉的化验结果，一边说。过硬的专业技术，也让郭映峰在众多的化验员中脱颖而出。

2019 年，她在平台公司组织的燃料采制化技术比武中获得优异成绩，还获得了参加全国电力行业燃料化验员职业技能竞赛的机会。2020 年的“三八节”，她又夺得京能电力“三八红旗奖章”，是一位名副其实的女工匠。

忙完上午的工作，刚要下楼吃饭，郭映峰的手机铃声就响了起来。

“妈，啥时候回来？用给您捎点东西吗？”

“疫情这么严重，家里没啥事我就接着上班不轮换了，我啥也不缺，你在家听爸爸的话，好好学习，没几个月就要中考了。”

郭映峰边走边一脸幸福地介绍着她那一家子：“儿子很懂事，能理解我，我上班也是给他做个榜样，让儿子知道干啥事儿都得努力付出；老公也是电厂的，也很支持我，等疫情退了，我再回去好好陪陪他们爷儿俩。”

下午，刚把化验过的煤样整理完毕，班组通知又有新的煤样送来。郭映峰又开始忙活起来了。

忙碌的一天，只是燃料化验员日复一日工作的缩影。郭映峰说，有时候她也会觉得累，但一想到千家万户的温暖里有自己出的一份力，她就有了新动力。

（张旭｜河北涿州京源热电有限责任公司）

点亮火神山

“所有待送电设备验收均合格，具备送电条件。”

“安全措施已全部拆除。”

“柜门已关好，无其他工作。确认完毕，送电。”

……

1月31日14时28分，在武汉用于集中收治新型冠状病毒肺炎患者的火神山医院电力施工现场，经过供电员工有条不紊地操作，4台环网柜和24台箱式变压器正式启动。在一阵阵“嘀嗒嘀嗒”声中，一排排“黄绿红”电源指示灯相继闪烁，一台台变压器“嗡嗡嗡”地开始运转。

当天23时49分，随着第24号变压器送电完成，陈斌如释重负地露出了笑容:“送电成功了！”

“快点，再快点”

作为火神山医院建设期间供电工程的总协调人，国网武汉市蔡甸区供电公司分管生产的副总经理陈斌，既要负责场内调度，又要确保外围

作为火神山医院供电工程的总指挥，陈斌（左）一直坚守在一线，确保供电万无一失

保障工作。9 天的时间里，无论是白天还是夜晚，总能看到他一手揣着手机，一手拿着对讲机奔忙在施工现场的身影。

1 月 23 日下午，陈斌接到了电力改造任务。最初，他并不知道自己要负责的是火神山医院建设。匆忙之下，他带领 60 多位经验丰富的电力工人赶到现场，在两个小时内拆除了主供线路，以保障大型机械设备进场。

本以为当天的工作告一段落，却又被告知要加紧完成一条 10 千伏线路的迁改工作。通常情况，一条这样的线路迁改至少要用 3 天。时间紧、任务重，陈斌只能带领工友连夜奋战。

第二天早晨，前来支援的 200 多位工友正式集结完毕。土建 50 人、设备安装 130 余人、后勤保障 60 人，在陈斌的调配下，大家各司其职，全身心投入工作。

虽然实行的是 12 小时倒班制，但在最初“拓荒”的几天里，他们每个人几乎都是 24 小时日夜赶工。“没有一个人喊苦喊累，也没有一个人请假掉队。”陈斌说，即便是中午吃饭时间，各部门负责人也会聚到一起沟通最新进展。

“快点，再快点！”这是每个人挂在嘴边的话，也是每个人焦急的期待。

|“每时每刻紧绷着”|

在火神山医院建设的最初几天，陈斌和供电施工队伍的心情也如武汉的天气一样阴雨连绵，“大家都担心不能如期完成任务”。

泥泞的施工现场没有任何电力建设基础，四家施工单位又要同时交叉作业，好不容易挖到一半的通道会因其他施工作业而暂停或从头再来。

1 月 26 日 19 时，陈斌接到指挥部通知，火神山医院总体平面布置图发生了变化，电力施工点位改为现场交付。这意味着，之前制订的计划都无法继续实施，只能建设方交付一点，他们再往前推进一点。

陈斌和工友们开始意识到：埋头苦干已经行不通了，眼下最重要的是和其他施工队伍打配合。于是，200 多人的电力施工队开始 24 小时待命，有时凌晨 2 点多才收工，早上 5 点多就又得集合。

“变压器位置定在哪儿了？”“电缆通道交付了吗？”与各路施工单位沟通协调中，陈斌的数个工作微信群不停闪烁，电话声此起彼伏，对讲机也必须时时拿在手里。将无数的问号画上圆满的句号是陈斌面临的最大挑战。面对随时可能出现的变化，他苦笑道：“每个阶段的变数都是未知的，每时每刻都得紧绷着。”

为了最大限度保证供电的稳定，火神山医院采取了双电源供电的设计方案，双电源运行要保证每条通路都不能彼此形成干扰，这也无形中加大了电缆敷设和设备安装的难度。在完成交付前，陈斌还带领大伙儿对手术室、重症病区、网络机房等重点区域以及吸氧设备通路进行最后的检测和排查，生怕出现纰漏。

“工地建设到哪里，电缆就敷设到哪里。”这是电力施工队的心声，也是每个人的承诺。截至 1 月 31 日，蔡甸供电公司累计出动施工人员 1900 余人次，各类施工车辆 290 余台。

“病毒不退，我们不撤”

1 月 31 日晚，高压变压器终于在总建筑面积 3.39 万平方米的火神山医院通电了，陈斌和工友们完成了点亮火神山医院至关重要的一步。

伴着机器的轰鸣，陈斌脑海中不断闪现着的，是数天来工友们在风雨和泥泞中工作的画面，他们钻进满是积水的电缆沟，他们在匆忙赶工中扒拉几口热饭……

9 天的时间，陈斌带着工友们在场内迁移了 2 条 10 千伏线路共 45 基电杆，装设了 24 台箱式变压器、4 台 10 千伏环网箱，总容量 14600

千伏安，敷设了高压电缆 8000 米。

“大家都在看着你们呢，好好干！”数万网友在直播中围观施工进程的事情，陈斌和工友最初并不知道，后来是在领导的鼓励中得知的。“那时我们已经有信心能如期交付了，心态比之前轻松了不少，但在施工过程中也丝毫不敢松懈，不能辜负社会对我们的期待！”

2 月 1 日起，虽然电力建设的任务已经告一段落，但陈斌提着的心并没有放下。在刚刚成立的火神山医院供电保障队中，他依旧担任总指挥，要一直留守在火神山医院，确保医院的正常供电。

“病毒不退，我们不撤！”陈斌已经做好了心理准备，要坚守在电力一线，助力打赢这场疫情防控阻击战。

陈斌（右二）与工友们一起奋战在供电保障的一线

我来为你买口罩

“喂！你好，马桥政府吗？我这儿是县总工会。请你们安排车辆来领取工会捐赠的口罩。”

“环卫所吗？你好，我这儿是县总工会。我们给你们环卫工人捐赠一批口罩，请你们来接收。”

“口罩？你们真是雪中送炭啊！”

2月1日上午，湖北襄阳保康县总工会维权服务部负责人柳朝霞不顾连夜从仙桃往返奔波的疲倦与劳累，穿上志愿服务红马甲，按照商定的捐赠方案，一边联系接收单位，一边分发物资。

保康县总工会一楼服务中心，整整齐齐堆放着的10万只口罩，凝聚着她的心血。

“战斗在阻断病毒的第一线”

1月21日，农历腊月二十七，新冠肺炎疫情防控阻击战在保康县全面打响。

作为一名工会干部，柳朝霞（右）想方设法为大家筹集口罩，她希望通过行动，带动更多人投入抗疫

群防群控，从城镇到社区（村组），全县医护人员以及各行各业的党员干部、志愿者都奋战在宣传预防知识、劝返流动人员、救治病人的第一线。

“我也是一名共产党员。是党员就要和同志们一道并肩战斗在阻断病毒的第一线。”1 月 26 日，农历正月初二，居家休息的柳朝霞主动向县总工会领导提交请战书。

1 月 29 日，柳朝霞如愿当上了所在社区的志愿者。她挨家挨户发送《致全体市民的一封信》，宣传疫情防控知识，坚守劝返岗位，耐心劝阻小区流动人员。

然而，在劝返岗上，柳朝霞却有了别样的感受。

上岗的第一天早晨，一名环卫大姐来到小区清扫垃圾，热心肠的柳朝霞关心地问起她是如何预防的。这名环卫大姐说，她戴了两个口罩，外面是前两天的，里面是新的。单位上虽然免费发放，但现在口罩不好买，也少得很。

天气晴朗，部分居民走出家门，出来遛弯。柳朝霞就一一劝他们返回家中。其中，一个中年人没戴口罩就出来了，她前去劝返，结果对方说河西药房今天购回口罩了，他得赶紧去排队买口罩。有一位老大爷把口罩戴在鼻子下面，老大爷说：“家里就一个口罩，谁出来谁戴，放鼻子下面就是做个样子。”还有市民说得更直接：“你在这儿值守，你能帮我买到口罩和酒精吗？”居民的话刺痛了她的心。

是呀，这场新冠肺炎疫情来得太突然，波及范围太广，尽管县里一直在往各个超市和药店投放防护用品，却依然不能满足大家的需求。

口罩！口罩！口罩！要尽一份自己的力量，解决这个根本问题。柳朝霞暗自下定决心。

|“一定要解决口罩难题”|

说干就干。柳朝霞在同学群里互动倡议，商量一起为抗击疫情做点事情。

同学群里的付文化是保康县城关镇黄土岭村人，他在广州创办了广州市正遍知生物科技有限公司，经常在全国各地做公益活动。于是，柳朝霞首先电话联系付文化，商讨募捐事宜。柳朝霞负责保康县内同学资金募集，付文化负责在外务工创业同学的筹资。柳朝霞和付文化分别带头捐款，资金统一使用，委托县总工会购买物资，资金筹集使用情况在同学群公开公示。倡议一发出，柳朝霞的同学们纷纷响应，很快就募集到了 10 万元。

资金有了，可是口罩到哪儿买呢?

柳朝霞的募资捐款行动得到了领导的全力支持，由领导出面，争取县指挥部和公安部门支援，并联系确定了购买口罩的厂家。

货源有了，柳朝霞信心倍增。

在新冠肺炎防控非常时期，实施交通管制，外出和物资运输又成了一道难题。柳朝霞又多方联系解决交通出行和运输车辆问题。

1 月 31 日凌晨 4 时，柳朝霞就开始起床做准备。上午 8 时，她在丈夫的陪同下，到县总工会楼下集合出发。“丈夫和我一路上一句话也没说，其实也不知道说啥。因为这次出行，毕竟存在感染病毒的风险。”柳朝霞说。虽然担心，但丈夫始终用默默的行动鼓励她，为她当起坚强的后盾。

很快，外出证明办好了，柳朝霞就和分管领导姚平、刘定军一道踏上了前往仙桃的征程。

采购并没有想象中那么顺利，而是一波三折。

经过 5 个多小时的奔驰，下午 2 时终于到达仙桃北，却被告知不准下高速进入仙桃市。在万般无奈的情况下，刘定军求助在仙桃市高管大队上班的同学，在同学的协助下终于进入市区。好不容易联系上原定厂家，而原定厂家却告知口罩没有现货，价格也上涨了，这让柳朝霞心急如焚。

联系、联系、再联系，奔波、奔波、再奔波，一家家厂家均无现货。怎么办？三人商定，就是在车里等，不吃不喝，也要把保康紧缺的口罩运回去！

终于，传来一个好消息，仙桃市郭河镇有一家工厂正在赶工，预计晚上 8 时可以下线一批口罩，但对方的条件是不接受对公账户，且价格有所上涨。这就意味着购买 10 万只口罩，原募集的资金差了 1 万元。怎么办？她只好又硬着头皮联系付文化，由付文化补捐了 1 万元。终于，晚上 9 时，10 万只口罩都装上了车。

“带动更多人加入抗疫一线”

返程途中，他们才感觉肚子真是饿了。可沿途的高速服务区都关闭了，吃泡面也没开水。凌晨 2 时，他们忍着饥饿赶回县城，县总工会主要负责人还在等着他们，两位同学掐着时间、冒着寒风送来了热腾腾的饭菜。“瞬间我觉得暖流如涓。他们的心跟我们一起走了一天！”柳朝霞激动地说。

2 月 1 日上午 8 时，柳朝霞又准时出现在了办公室，请专业人员对 30 多箱口罩进行防病毒感染消杀。领导和同事们都劝她回家休息，她却笑着说：“我能坚持，我真不累。”搬物资，清点，分配，10 万只口罩第一时间分发到 11 个乡镇的公安交警、环卫工人、社区志愿者、正在生产的重点企业和坚守一线的工作人员手中。

整整两天时间，柳朝霞都是上午 8 时到岗，晚上 10 时才回家，一天就吃两桶泡面。她说，我要做到领取单位数清、口罩个数清、使用动向清。

柳朝霞（右）为社区送口罩

其实，还有一个原因就是她的女儿才两岁，自己每天接触人多，她要等到女儿睡着了才回家，避免亲密接触。

坚守劝返岗，宣传防控知识，测量体温，劝返流动人员，柳朝霞回来又积极投身到社区志愿服务的第一线。“我做这些事情，是在履行入党誓言。我只是一名普通的工会干部，只想通过我的行动，带动更多的人投入抗疫一线，齐心协力，共同打赢这场疫情防控阻击战。”

（姚平　李运方 | 湖北襄阳保康县总工会）

为一线勇士添衣抗疫

2月3日凌晨，随着江苏省南京际华5302服饰装具有限责任公司生产的第一件防护服下线，一场医用防护服生产的战役就在这家公司全面打响了。

也就是从那天开始，战斗在公司防护服生产主战场的缝制车间主任谢秀荣几乎每天都在岗12个小时以上，早上7时到公司，上完白班，又继续安排好夜班的工作才回家。

在新冠肺炎疫情暴发后，南京际华5302服饰装具公司紧急转产医用防护服。“国家有需要，我们公司冲锋在前，我个人更是责无旁贷。”作为一名江苏省的劳动模范，谢秀荣第一时间联合生产骨干赵林梅、王军等人向公司递交了《防护服生产请战书》。为了动员更多人快速上岗，谢秀荣按事先保留的工友姐妹和职工家属的电话号码，每名员工都通知到，提醒大家尽快到岗。同时，她组织关键岗位夜班的20多名职工开展专题动员会，为公司在两天内就形成防护服量产提供了坚强的人力保障。

那段时间，谢秀荣忙得腰酸背痛，但她一想到自己的工作是在为前线抗疫战士做“战服”，心里就觉得很欣慰。

南京际华 5302 服饰装具公司一直从事军用特种防护产品的研发生产，还从没有做过医用防护服。医用防护服生产环境要求较高，必须达到严格的洁净标准，所有原辅料必须符合医用标准。“防护服生产的每个环节都不容忽视。”谢秀荣说，好在自己过去有军用压胶雨衣生产的基础，军用压胶雨衣与医用防护服的制作原理基本相似，她和工友们决心打好医用防护服生产这一攻坚战。

制作一套医用防护服，从分拣、裁剪、缝制、灭菌……到包装成品，经过的工序有 50 多道，产生 5000 多个针脚，全部的针脚必须实实封住，不能有一点点缝隙。否则产品报废事小，更重要的是会威胁到防

谢秀荣奋战在防护服生产的缝制车间，几乎每天在岗 12 小时以上

疫一线工作者的生命安全。所以，熟练掌握热风机技术至关重要。

“热风机压胶条是生产防护服的关键工序，操作热风机对时间、速度、温度、手法都有严格的要求。这是我们首先要解决的问题。”在开工之前，谢秀荣就已经注意到了这一点。她把车间150名职工中的30名生产骨干重点投入热风机设备岗位，并进行操作、安全等项目培训，使大家快速熟悉设备，迅速投入紧张的生产之中。

“等到工序一道道摆开，缝制龙门阵舞了起来，干着干着就顺了，顺着顺着就快了，产品也就一件接一件下线了。”

随着疫情防控前线的形势越发严峻，防护服生产需求压力也越发加大。见人手不够，又一时无法解决，谢秀荣便建议采取工人两班制排班生产，她的建议很快就被公司领导采纳。同时，谢秀荣又响应公司工会号召，在生产线上开展了“国家有难、首冲有我”防护服专题劳动竞赛。从2月4日开始，停人不停机，谢秀荣带领一线工人日夜奋战，防护服生产快马加鞭：第一天200件，第二天1000件，第三天2500件，而现在，一天已达到5000多件了。

其实，这并不是谢秀荣第一次参加重大生产战役。2008年汶川地震的救灾帐篷抢制、国庆70周年大阅兵的军服制作保障都有她忙碌的身影。谢秀荣说，时代给了农民工姐妹们发挥作用的舞台，让她们能在自己的岗位上展现才能。现在国家遇到困难，作为一名党员、一名劳模和一线工人，有责任打好这次防疫攻坚战，尽快生产出更多合格的防护服，为疫情防控前线贡献力量。

（李修元　朱波｜南京际华5302服饰装具有限公司）

用知识武装头脑

2月2日晚，在中国工人出版社和全国各省级工会、部分全国产业工会及新疆生产建设兵团总工会等联合指导下，《中国工人》杂志社、全国工会电子职工书屋联合46家全国工会主要新媒体共同开展的全国职工新冠肺炎防控知识线上有奖竞答活动圆满收官。

活动历时5天，共计有152万职工参与了线上竞答。

在防控疫情的关键时期，一场线上有奖竞答活动帮助职工用知识武装头脑，共同打赢疫情防控阻击战。

|48小时筹备|

2020年的春节是特殊的，从武汉封城到全国各省区市启动重大突发公共卫生事件一级响应，从无数医护人员奔赴疫情一线到一批批防疫物资千里驰援，突如其来的新型冠状病毒肺炎疫情让全国人民紧绷着心弦。

1月27日，大年初三，中华全国总工会向全国广大职工和工会干部发出了关于抗击新冠肺炎疫情的倡议书，要坚决响应党中央号召，坚决贯彻落实党中央、国务院的决策部署，迅即行动起来，为做好疫情防控工作贡献智慧和力量。

疫情发生后，中国工人出版社快速响应，第一时间出版了《新型冠状病毒职工防护知识50问》，为各地工会和广大职工免费提供

为响应党和国家的战“疫”号召，大部分职工的春节假期都是在家中度过的。大家拒绝了过年串门，改为网上拜年，拒绝了家庭聚会，改为在家“闭关”，甚至有不少职工退掉了已经买好的火车票，选择留守在打工的城市过年。

当原本热闹的春节假期变得安静时，如何为职工提供服务，特别是提供与疫情相关的服务成了全国各级工会和工会干部共同的责任。

为响应全国总工会的倡议，带动各行各业的职工群众主动学习防疫知识，增强自我防病意识，加强自我防护，安心居家过一个文明健康、安定祥和的春节，《中国工人》杂志社、全国工会电子职工书屋于1月27日决定，联合全国工会主要新媒体共同开展全国职工新冠肺炎防控知识线上有奖竞答活动。

随后，在紧张的48小时内，结合最新公布的新型冠状病毒疫情追踪研究结果制作防疫知识竞答题目、同步制定活动规则、开发线上答题系统等一系列准备工作一触即发。

为号召更多职工参加，此次活动的组织方还准备了 10 万元现金红包。用户参与知识竞答、完成竞答并达到 90 分（含）以上者，均可获得一次抽奖机会，单次抽奖有机会获得最低 1 元至最高 100 元的奖励。

值得一提的是，活动筹备阶段，发动 46 家全国省级工会主要新媒体一起联合行动在全国尚属首次。在 80 多人的微信工作群里，46 家工会新媒体的编辑们尽管未曾谋面，却在第一时间共同参与、共同行动，为活动的顺利开展打下了坚实基础。

5 天百万职工参与

1 月 29 日中午 12 时，全国职工新冠肺炎防控知识线上有奖竞答活动正式上线。

“中国工人”微信公众号、全国职工书屋微信公众号、冀工之家、《山西工人报》、内蒙古总工会、辽宁省总工会等 46 家全国工会主要新媒体共同发布活动信息。

北京市总工会、天津市总工会、山东省总工会、广东省总工会、四川省总工会、宁夏总工会不仅在微信公众号发布活动信息，还利用工会 App 同步发布。

数据显示，活动开始仅 7 分钟，就有 3500 个红包被领走。活动开始 30 分钟时，访问人数达 11.6 万人次。活动首日份额红包，在不到 1 小时全部被“抢”空。鉴于职工群众的踊跃参与，当天，组织方额外追加 1 万元注入红包池，增加答题职工的获奖概率。

在全国工会主要新媒体的宣传合力下，从 1 月 29 日至 2 月 2 日的 5 天活动中，参与竞答人次破百万。152 万职工来自全国所有省级行政区域和港澳台地区，也有海外职工的热情参与。

数据显示，黑龙江省职工参与热情最高，参与人数稳居全国第一，达 22.5 万人次；山东、陕西两省参与人数均超过 10 万人次；河北、山西、河南、江苏、吉林、辽宁、北京、广东等 8 省份参与人数均超过 5 万人次；甘肃、内蒙古、四川、安徽等 16 省份参与人数超过 1 万人次。

本次活动也不断刷新全国工会主要新媒体与职工的线上互动频率。

黑龙江省总工会积极组织职工参与和转发，由黑龙江工会微信公众号发布的活动信息阅读量突破了 10 万；安徽省总工会将活动链接做成图片，放置在与疫情相关的新媒体文章下面，积极组织动员，竞答活动信息阅读量突破 8 万。

面对疫情，全国工会主要新媒体快速反应、快速应对、快速出击，第一时间将防护知识通过线上传递至百万职工手中。

| 温暖与力量同在 |

职工竞答热情高涨的同时，在“中国工人”微信公众号和全国职工书屋微信公众号收到了上万条的职工留言。

有为工会组织带动职工群众学习防疫知识点赞的——网友“读书品茶”留言说：“面向广大职工，普及防疫知识，彰显工会职能。点赞！”

有为坚守在抗击疫情一线医务工作者加油的——网友“韩杰”留言说：“作为工作在一线的医护人员，从 1 月 23 日接到取消春节休假通知后，我和我的同事们就积极参与到工作中。制流程、出方案、做宣传，加强预检分诊，每名员工都在工作岗位上发挥着自己的光和热。我们有信心打赢这场攻坚战，为自己点赞，为医务工作者点赞。”

还有为参建火神山医院建设的工友助威的——网友“梁征”留言说：“中建三局的企业精神是‘敢为天下先，永远争第一’。危急关头，看着你们忙碌的身影，我的心中涌起了一股浓浓的企业荣誉感和使命感，我虽不能亲自参战，但作为一名三局人，我感到无比骄傲和自豪。”

留言中，有祝福，有温暖，更有力量。

网友“工人”就在留言区分享了自己和工友的故事：“从腊月二十八起，中原油田物业服务中心的2500余名员工全部停止休息，投入防疫一线。保安坚持24小时门禁管理，环卫工人在重点区域不间断巡回喷洒消毒液，各岗位职工打破工种界限，在全油田范围开展大扫除、大消毒活动，彻底清除区域卫生死角。疫情面前，我们责无旁贷地站在最前沿，守护24万油田职工家属生命健康的第一道防线。”

简短的留言浓缩着职工们抗击疫情的决心、责任与担当。

全国职工新冠病毒肺炎疫情防控知识线上有奖竞答活动仅是普及防护知识的开始，当下，疫情防控工作仍在持续进行中，打赢这场战役需要更多职工的努力和参与，需要全国亿万职工的智慧和力量。就像职工在留言中说的：“没有被禁锢的城，只有离不开的爱。”

送快递是我的职责

2月3日，趁着午休时间，肖霖排了半个小时队才买到一瓶消毒用的酒精。“晚上带回家，可以把衣服消消毒了。”他想着。

今年30岁的肖霖是地道的武汉人，父亲去世得早，他们一家三口就和母亲住在一起。因为自己过年还要值班，妻子和孩子先回了娘家，剩下母亲一个人陪着他。肖霖很担心，万一自己身体出现了状况，会传染给母亲。现在买到了酒精，心里也算多了一些安慰。

| 以一当十 |

肖霖工作的顺丰速运武汉硚口分部位于武汉市中心，平日里，这里有将近50位快递员，到了春节假期时，只剩下了6个人。除去后勤岗位，一线派送快递的只有5个人，算得上以一当十,一个人要负责10个人的派送区域。

如果不是这场疫情，分部春节期间的人员配置应该是10个人，分别负责周边高端商场、写字楼和小区的收派件工作。疫情到来，写字楼

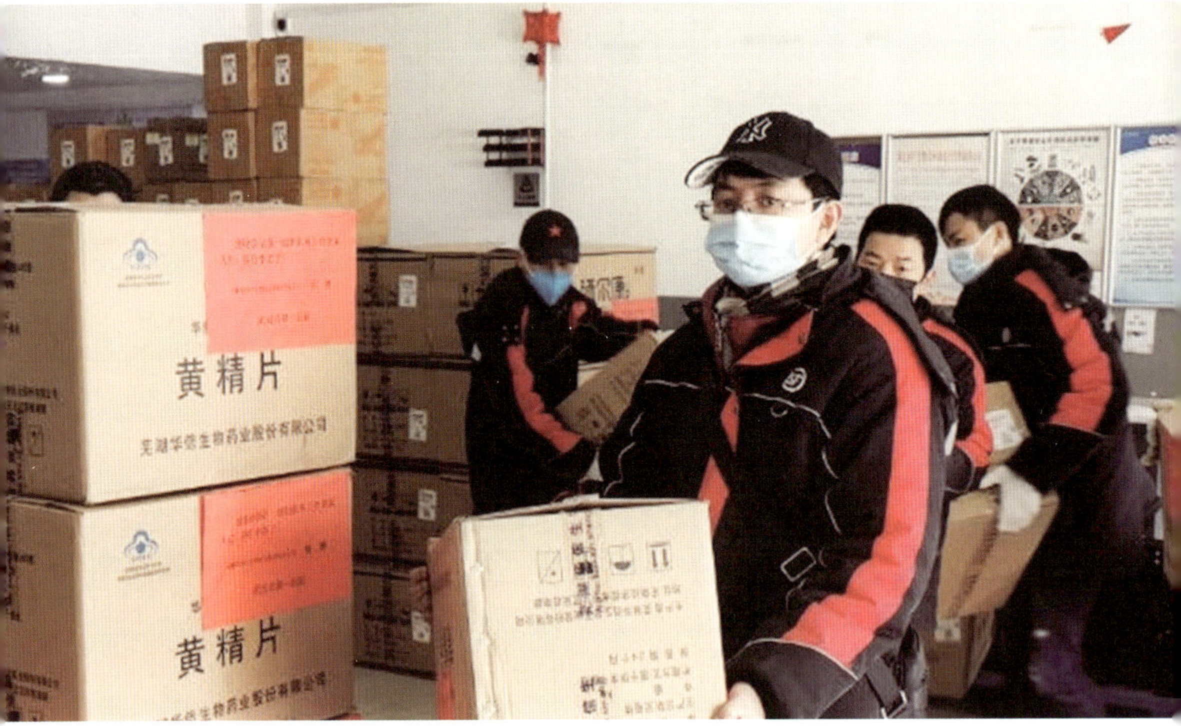

疫情期间，快递员肖霖坚持在一线送快递

和商场都关了门，一些快递员就回了家。但让肖霖没想到的是，伴随疫情的逐步发展，救援的物资如雪片般飞来。

回到网点，一想到上午已经派了200多件，下午还有200多件要送，肖霖不禁感到一阵头大。甩甩头，“还是先吃碗泡面吧”。肖霖盘算着。此时，一位同事笑着对他勾勾手说：“我带了家里做的面条，要不要吃？”肖霖已经吃了两次同事带来的家常饭，对于大部分时间靠吃方便面充饥的他来说，这已经算是不错的伙食改善。

几个人“稀里哗啦”地快速吃着饭，客户催件的电话铃声却始终没有停止。从大年初一到大年初七，肖霖每天都要送几百件快递，从早上快件分给他开始，电话就不曾断过。很多时候，肖霖接客户的电话都接不过来，有时候他要跟客户解释半天，有些客户能听得进去，有些客户就会很着急：“我这是救命的东西。”

身在武汉，肖霖也有很多担心和恐惧，但戴上口罩，装上一大筐快件，他又出发了。

外出送件的时候，肖霖已经很少与客户手递手了，基本以不接触式的配送为主。有的小区可以进，肖霖就把快件投到快件箱里。他发现，最近几天，丰巢等快件箱投递和存放都不再收费。有的小区不让进，小区里的快件箱没法使用，他就在小区门口和客户沟通下楼取件，大部分客户都很理解他。

肖霖曾遇到一个客户，过来后一直和他保持快两米远的距离。他本来想把件送到客户手上，但对方不愿意靠近。肖霖前进一步，客户后退一步。“那我把快件放下，你自己过来拿吧。”肖霖说。

| 感动常在 |

从大年初七开始，住在武汉周边的同事陆陆续续回来了不少，网点人手补充到了近 20 人，大家压力减轻不少。但是，让这 10 多个人回来不是一件容易的事。

每让一个人回来，肖霖他们都要先向上递交返工申请，之后再走盖章、签字流程，回来的路上每隔几公里就有一个卡点。肖霖的主管回武汉的时候，60 多公里的路程，从早上 7 点走到下午 3 点多才到。但是，能回来，已经很不容易了。

对回来的同事，肖霖都要告诉大家做好自身防护。上班要戴上公司发的口罩，跑医院的还要再戴一层 N95 口罩和护目镜，上下班测体温，再把公司的地板清洗一遍，以防二次感染。

实际上，这些天来，除了辛苦和偶然涌起的恐惧，让肖霖感动的事，也时常发生。

他每天派送的路线基本相同——先去医院把急需的物资派送完，然后再去小区，大部分快件都是口罩。

在去医院的路上，肖霖停下来又加了一层口罩，把护目镜也戴上，这才继续前进。因为本来就戴眼镜，再加上一个护目镜，呼气一加快，就什么都看不见了。但是，跟医院接触，他心里多少还是有些害怕。

到了医院，一位医生来拿快件，因为触景生情，不由得跟肖霖多聊了几句。“上次，你给我送来的一个很小的包裹里装着一沓口罩，还有一封信。信里只有几个字：亲爱的医护天使们，加油！我看字迹应该是一个小孩子写的，估计 10 岁不到，让我们几个医生很感动。”

这位医生简短的几句话，让肖霖也很感动——为那个送口罩的孩子，为一线的医生，也有点为自己，毕竟，这份安心和鼓励是经过自己的手送达的。

肖霖知道，有很多人都在实实在在地关心着医生，因为有一些快递上，收件人的电话是空着的，他打电话过去询问，对方会告诉他，“里面是口罩，你找个医生送出去就行”。

| 为家而战 |

2 月 3 日晚上 7 点，肖霖比春节期间早了一个小时下班。工作松快下来，他想家里的事情也多了一些。本来想值完春节的班带妻子和孩子出去玩一趟，但现在这种情况下只好作罢。

想到妻子年前带着 3 岁的孩子回娘家时的一幕，肖霖不由得笑了笑。因为担心他的安全，妻子“威胁”他说：“你还去上班？我要打市长热线，我要举报你们公司。”肖霖一愣，转而笑着说：“你举报我们公司也没用，这是我们的职责，就像医院里的医生和护士一样，这个工作肯定要做，我不做也得有人做啊。”

肖霖从小在武汉长大，17 岁的时候出去当了 8 年兵，退伍后又回到武汉，近 5 年来一直在顺丰工作。作为一名曾经的军人，肖霖骨子里有着强烈的责任感，武汉是他的家，他要为武汉而战。

因为是就近分配，肖霖的家离网点并不远，骑车 5 分钟就到了。走进家门，他直接走到阳台把外套全部脱下来，随后，母亲会过来用酒精喷洒消毒，他再到洗手间把手和脸全部洗一遍，之后才准备吃饭。

能回家吃到母亲做的晚饭，是肖霖每天感觉最幸福的事。因为坚持去上班，母亲这几天憋着不怎么跟他说话，但内心其实挺担心的。回来之后，衣服的消毒工作母亲都主动承担了下来，每天上班前还要嘱咐他勤洗手，多带一些防护工具，尽量不要跟别人接触。

“母亲也憋得够呛，1 月开始到现在都没出去过。”肖霖说，老人一开始觉得不严重，还想出去，后来在他再三强调之下，加上电视上的宣传，也就不愿意出去了。

坐到餐桌前，肖霖一看，今天母亲做了红烧肉和炒青菜，还煲了一个汤。“给你补补体力。”母亲说。

“守护我的第二故乡”

这是我们来武汉的第六天了，感觉时间过得很快，每天的工作和安排都很充实，每天的注意事项也很多，多到要在房间的每个地方都写上大字提醒自己！

到临床一线工作后，虽然我们每天做着和以前一样平凡的工作，但是现在因为有了层层“盔甲”的防护，很难施展，比如输液，现在完全靠眼力和技术。有时候因为防护面罩上有细小水滴，眼睛模糊了，就只能靠感觉了。有位老阿姨的血管比较不好找，看了半天，我告诉阿姨，我不能保证一针搞定。最后，一针见血成功穿刺静脉留置针。阿姨说：“谢谢！我听着你的口音不是本地人呀？”我跟她说，我是江苏徐州的护理人员，武汉是我的第二故乡，我是过来给“亲人”支援的！阿姨说：“谢谢你们，你们辛苦了，我们有难，也连累你们了！”我说，这是应该的。

一线疫区的工作虽然会给我很大的压力，但是，得到病人的鼓励和家人的支持，一切的困难和压力都能承担！前方的路或许很坎

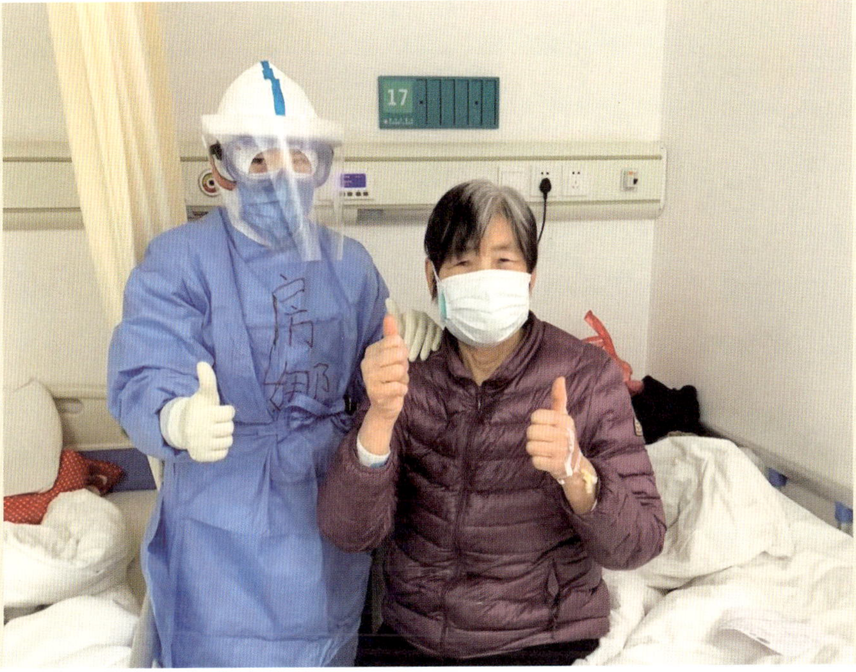

房娜为患者鼓励加油

坷，但作为一名医务工作者，作为一名党员，我一定不畏困难向前行，不惧风险勇担当！

——房娜的工作日志

“武汉是我的第二故乡，作为呼吸专科的一名护士，作为一名共产党员，家乡有难，我应义不容辞去守护。我希望急家乡人民所急，用自己的专业知识为家乡出一份力。”江苏省徐州市第一人民医院呼吸一病区的护士房娜逆行支援武汉的理由简单而坚定。

自新型冠状病毒肺炎疫情发生以来，房娜时刻关注家乡疫情变化，得知有机会能回到家乡支援，她第一时间报了名，加入徐州市首批赴武汉医疗救援队。

房娜说，自己虽然不是出生在武汉，但美好的大学时光是在武汉度过的。毕业后虽然离开了武汉，但每当想起武汉的点点滴滴，依然是那么亲切。

时隔多年，房娜未曾想到会以这种方式再回到她的第二故乡。当她再次来到这熟悉的地方，看到的却是“亲人”在遭受病毒的折磨。

房娜有两个孩子，大宝 3 岁，二宝 1 岁半。多年来，她的丈夫一直支援西藏，两三个月才回来一次。她出征武汉后，照顾两个年幼孩子的重担都压在了公婆身上。

来武汉前，房娜哄着两个可爱的宝贝：妈妈要去打“病毒怪兽”，你们在家一定要乖乖听话。

一天疲惫的工作结束之后，房娜最期待的就是和两个小宝贝视频连线。3 岁的儿子在视频里跟她说：“妈妈，今天妹妹说想你了，有点闹人，我批评她了，我说只要你乖乖地，妈妈打完‘病毒怪兽’很快就会回来的。现在妹妹可听话了，妈妈你要打多多的‘病毒怪兽’，你是我心中的英雄！妈妈加油！”

小小的两个孩子还不懂英雄的真正含义，更不懂“病毒怪兽”的风险，他们只懂得乖乖地等妈妈回家。看着孩子稚嫩的笑脸，触动了房娜心中柔软的一角，泪水润湿了眼眶。

（黄玉梅 | 江苏省徐州市第一人民医院）

看护重症患者的 59 天

3 月 25 日晚，首批返京的 46 名国家援鄂医疗队员抵达全总国际交流中心，开始为期 14 天的隔离休养。在迎接仪式上，来自北京中医药大学东直门医院的急诊科护士纪冬梅手捧鲜花，灿烂的笑容中带着些许疲惫。

59 天前，纪冬梅和她所在的团队千里驰援湖北武汉的逆行画面历历在目。同一件橘粉色外套，同样的笑容，不同的是彼时藏在心中的忐忑和未知。

1 月 26 日，大年初二，纪冬梅接到出发武汉的正式通知后，立即进入战时状态。没有考虑太多的她，第二天就抵达了武汉，站上了抗疫的第一线。

| 铁门内的 24 小时 |

纪冬梅所在的第二批国家中医医疗队对口支援湖北省中西医结合医院，这是一家新冠肺炎定点收治医院，距离武汉华南海鲜市场仅 1.6 公里。

1月27日，抵达武汉当日，医院发热门诊已处于紧张的战疫状态，医护人员工作饱和，重症患者住不上院……

纪冬梅和队友们马不停蹄地对病房进行改造，规划出能够收治36位重症患者的隔离病区，并在医院内配套设置了康复病房。

1月30日下午2时，湖北省中西医结合医院接收新冠肺炎重症患者隔离病区的铁门打开了，与病毒的战斗一触即发。

每天，每名护士要在隔离病房内工作6个小时，4班倒，每班配置三至四名护士。隔离病区收治的重症患者多伴有发烧、咳嗽、呼吸困难等症状。因不能有家属陪同，护士便承担起了患者的一切护理工作：喂水、喂饭、温中药……铁门之内，她们成了患者最亲密的人。

直面病毒，纪冬梅也有担心，特别看到有医护人员住进隔离病区时，她的心又被重重地敲击着。每每担心时，她就和同事们更加严格地执行隔离衣的穿脱流程，两人一组，彼此监督和检查。纪冬梅笑着回忆说："我们管这个办法叫'相信疗法'，我们相信科学，也相信我们自己。"

隔离衣、大胶靴、护目镜、N95口罩……层层的防护，让医护人员的行动变得"迟缓"起来。只要一干起活，护目镜上还会出现令人讨厌的水雾。对于戴着眼镜又戴着护目镜的纪冬梅来说，这样的情况更是多见，"有时，能看清的地方只剩下一条缝"。

相比之下，戴口罩时的呼吸困难更让人感觉难受。"特别是夜班，不那么忙了，就会把精力集中在自己的呼吸上，真的会有一种濒死感。"纪冬梅说，太难受时，她会在窗边站一会儿，迎面吹来的冷风会让人感觉舒适很多。

每天，当纪冬梅走出隔离病区摘下口罩正常呼吸时，她感觉全身的细胞都“重启”了一次。同样，隔离病区里，重症患者也在忍受着不能正常呼吸的煎熬，他们也期待着这样的“重启”。

| 亲人般的守护 |

从穿上护士服的那天算起，纪冬梅已经在北京中医药大学东直门医院急诊科干了 9 年，每天都在与急危重症患者打交道，似乎早已习惯了生死。然而，武汉隔离病区的一道铁门，却将医护人员看到的生死再次放大了。

刚进入隔离病区不久，纪冬梅当班时就遇到了一位因新冠肺炎去世的患者，是一位 90 多岁的老大爷。因患有基础病，老人被感染后病情恶化程度较快。医护人员做了最大努力，依然没能将其拉回生的世界。

老人去世后，纪冬梅和同事默默地帮老人整理着遗物。看着老人的遗体被推走时，她难忍心中的难过，一边流着眼泪，一边向老人推走的方向深深鞠了一躬。

和平日急诊科里见到的死亡不同，隔离病区内的患者没有家属的陪伴，去世患者的遗体会直接被推走。没有哭喊，也没有哀悼，死亡在短短的走廊里变成了一场无声的告别。

好在，隔离病区内让人振奋的好消息也一波波地传来。2 月 29 日是纪冬梅最开心的一天，当天，有 5 名患者同时走出了隔离病区，3 名患者核酸检测为阴性，直接被接到酒店进行隔离，另外两名患者转到康复病房。

在小小的隔离病区内，纪冬梅也和不少患者培养出了特殊的感情。

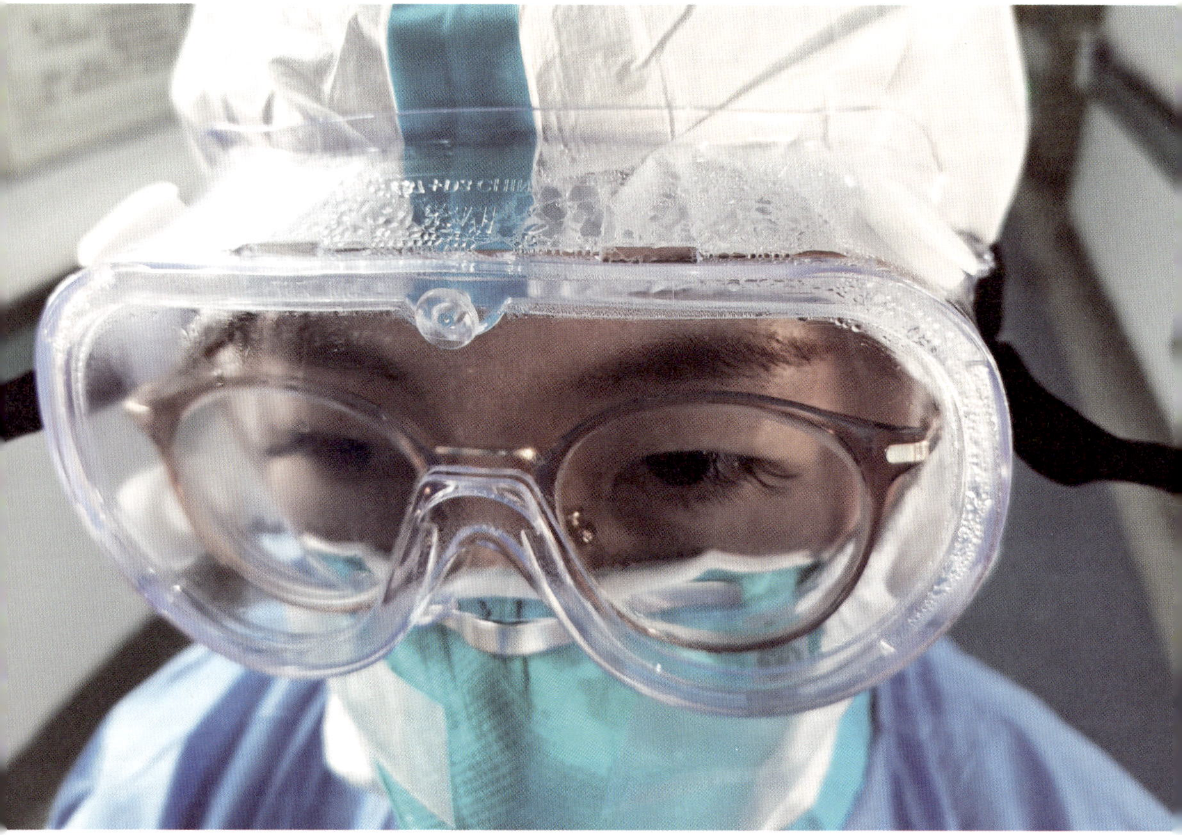

每天，当纪冬梅走出隔离病区摘下口罩正常呼吸时，她感觉全身的细胞都“重启”了一次

其中，让她印象深刻的是一位 86 岁的老奶奶。

一次，在为老奶奶温中药时，纪冬梅怕老人烫着，细心询问了几次温度，这一小小的举动被老奶奶记在了心里。虽然医护人员都穿着隔离服，老奶奶分不清楚她们是谁，但却记住了写在隔离服上的名字。几天后，当纪冬梅再次出现在老奶奶的病房时，老人直接叫出了她的名字，主动要求留下她的联系方式。

那一刻，纪冬梅感觉自己为患者付出的一切都是值得的。更让她感到欣慰的是，就在她返回北京当日，老奶奶的核酸检测为阴性，进行隔离后就可以和家人团聚了。

在隔离病区的59天里，纪冬梅听到最多的话就是“感谢”，出院的患者会对她们说感谢，被照顾的患者也会对她们说感谢。她说：“武汉人懂得感恩。”

| 某一刻的改变 |

每年春节都是医院急诊科最忙的时候。这些年，纪冬梅几乎没有在春节和家人团聚过。今年春节前，她刚刚将母亲从黑龙江接到了北京，准备母女二人好好过个年，却被突如其来的疫情打乱了。

“隔离期满后，我最想做的事儿就是拥抱一下妈妈，告诉妈妈，女儿长大了，可以做你的铠甲了。”在与重症患者相处59天后，纪冬梅仿佛又长大了一次。她觉得自己是幸运的，能在有生之年做一件值得自己骄傲一辈子的事儿，她也更懂得了珍惜和感恩。

之所以有这样的感受，源于她在隔离病区看护的一位患者。那是从方舱医院转入的一位30多岁的男性患者，进入重症病房前，他的父母和妻子相继因新冠肺炎去世，他的病情也由轻症转为重症。

得知患者的特殊情况后，纪冬梅和同事们格外关注，害怕他做出一些轻生的举动。然而，患者却格外安静，除了偶尔说出的几句“谢谢”，几乎不说话，只是默默地配合医生治疗。直到拿到出院诊断证明的那一天，患者愣愣地看着医护人员，仿佛在那一刻被“打倒了”。

一般情况下，得知患者可以出院后，纪冬梅和同事们都会兴高采烈

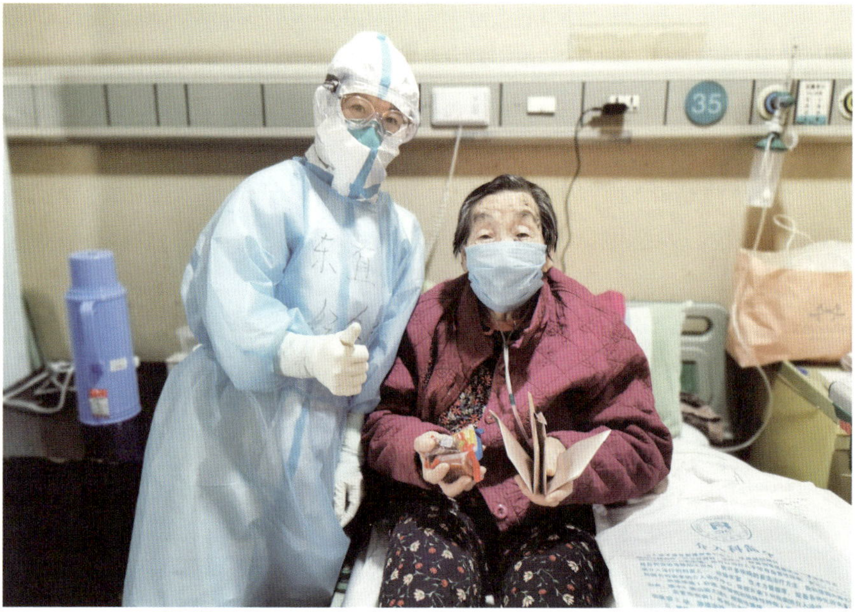

纪冬梅为患者鼓励加油

地帮患者收拾行李，恭喜他们战胜了病毒。这一次，纪冬梅却不知道怎样开口。住在医院，患者还有医护人员可以依靠，走出了医院，患者却已经没有亲人在世。

“谢谢你们，放心吧，我知道自己要好好地活下去。”患者自己说出了医护人员最想说的话。纪冬梅听后，又一次戴着护目镜落泪了。这更让纪冬梅懂得了珍惜。

回京后，处于隔离期的纪冬梅终于有时间好好休息一下。在酒店房间内看看书，健健身，写一写自己喜欢的毛笔字。经历了特殊的 59 天，她对自己的职业也有了更深的认识和期待：“我会一直坚守在护士岗位上，也希望我们的职业能被患者理解、尊重，被社会认可。”

从死神手中“抢”患者

3月31日上午9时，76岁危重型患者施先生的爱人和儿子特意赶到酒店，给西安交通大学第一附属医院援鄂国家医疗队送上锦旗，感谢他们几次把病危的施先生从死神手中“抢”了回来。

当天，是西交大一附院援鄂国家医疗队告别武汉的日子。在医疗队离开酒店时，正在办理出院手续的施先生还打电话给医疗队，感谢“本家”施秉银队长和他的团队。

白衣执甲，逆行出征。2月4日，年过六旬的西安交通大学第一附属医院院长施秉银接到国家卫健委的出发令，担任该院援鄂国家医疗队队长。他们没有等待第二天的高铁，当晚就乘坐夕发朝至的绿皮车前往武汉。3天后，西交大一附院133名医护人员同施秉银专家团队在武汉大学人民医院东院区会合，接管七、八两个重型、危重型病区。

在50多个日日夜夜里，施秉银带领团队遵循新冠肺炎病毒“细胞因子风暴”的发展规律，一人一策、提前干预，给予126名重型患者科学的医学救治和必要的人文关怀，共计96人治愈出院，26位患者由危

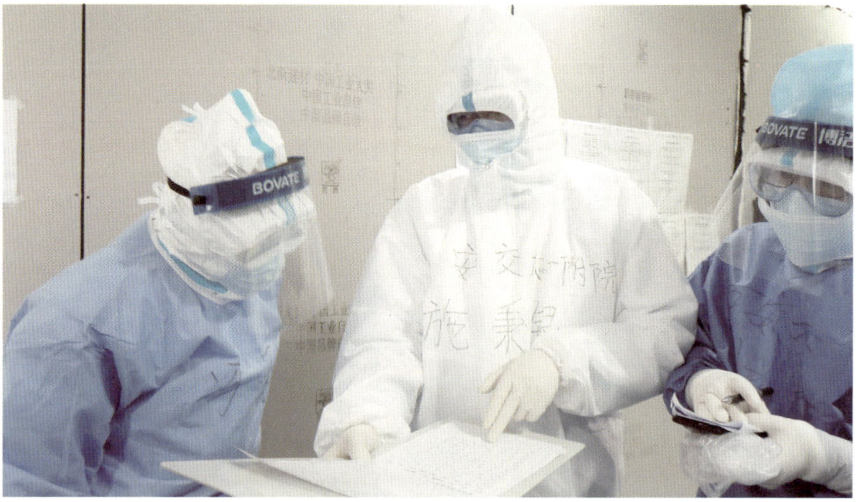

援鄂期间，施秉银接管的武汉大学人民医院东院区八病区实现了零插管、零死亡

重型或重型转为轻型。

| 让人揪心的病亡率 |

2020 年新冠肺炎疫情暴发后，施秉银密切关注武汉疫情动态，居高不下的病亡率让他很揪心。“病亡率怎么这么高？”施秉银一方面查阅 2003 年 SARS 疫情相关资料寻找答案，另一方面走进医院隔离病房了解情况。

彼时，武汉病亡率约 4.5%，全国其他地区 2.1%，施秉银心急如焚地说：“我都想着亲自上手解剖尸体，了解第一手资料！”在他看来，只有尽快找到病因，才能有针对性地治疗。

正当他在西安研究致死病理时，国家卫健委一声调令剑指武汉。亲自上阵援助武汉，施秉银义不容辞。

2月9日，刚接手武汉大学人民医院两个重症病区时，施秉银便在第一次会议提出：“挽救每一名患者的生命是我们的头等大事。”要求医护团队尽快梳理医护流程，掌握每一位患者情况以及基础疾病。他甚至提出自己看护病人：“好医生就应该第一时间到离患者最近的地方去。”

用最强的力量救治最重的患者。施秉银还提出建立重病例每日探讨机制。每天19时到20时开会，病区主任、小组组长、相关专家多学科参与探讨重型特别是危重型患者治疗方案。

几天后，两个病区患者的情况大大好转。心里有底的施秉银再次将关注点聚焦到降低病亡率上。2月16日，他牵头成立了降低危重型患者病亡率专家组，自己任组长，与同济大学附属中山医院、四川华西医院、武大人民医院专家组谈论分析每一例病亡者病亡原因，寻找救治突破口。

其间，施秉银团队负责的武汉大学人民医院东院区八病区实现了零插管、零死亡，这也和专家组注重病亡率，对患有糖尿病、高血压和慢阻肺的新冠肺炎患者进行提前干预的方法密不可分。

| 给予患者更多关怀 |

“加油”一词源于武汉城市之父张之洞父亲张瑛鼓励读书人的佳话。施秉银每周多次进入隔离病房，了解重型患者特别是危重型患者的治疗情况以及心理状态，为他们加油鼓劲。

患者施先生是高血压、糖尿病、尿毒症并发新冠肺炎患者。由于透析不充分导致身体浮肿，CT复查因躺不平而没有做成。施先生每当想起自己哥哥12年前做CT猝死的情景，心里都恐惧焦虑，不配合治疗。

施秉银得知情况后，走进病房查看病情，指定八病区副主任、西交大一附院长安分院重症科主任腾琰重点救治，还将这位患者纳入每日重症病例多学科会诊对象，给予最优的治疗方案。

2006年起，施秉银经常通过微博等互联网平台开展义诊。这一次，这位互联网达人院长要求病区创建医患微信群，为患者、医护人员，甚至患者家属朋友搭建起交流平台。

患者施先生没有智能手机，医生便是他的信息员。得知家人平安健康，看到活泼开朗的孙子孙女的舞蹈视频，施先生的情绪好了起来，病情也跟着一天天好转。

同患者施先生一样，两个病区的大多数患者都有一定程度的焦虑或抑郁。而一名好医生就要想患者所想、急患者所急，给予他们更多的医疗救治和人文关怀。施秉银要求医护人员及时给患者回复信息，不可以用简单的“指标正常”敷衍，在群里贴图、贴数字更不行。

“每天都有100多条咨询信息。”八病区主任、西交大一附院呼吸与危重症内科副主任石志红说。每天中午11时到12时，他们都会对照检查指标一一答复。哪些指标在好转，要给予患者信心。遇到不识字的患者，语音进行答复。

施秉银还要求说，除了医疗护理，也要关注患者的生活护理，给予更多的人文关怀。盒饭吃腻了，患者想换口味，就要想办法给买、给做。有人过生日，也要尽可能给大家买蛋糕。

施秉银团队负责的病区还开设了病区流动超市。每天早晨，护士长吴静推着装有大家捐助的方便面、饼干、牛奶等食品的便携购物车，逐个病房免费发放。这是患者们每天最开心的时刻，经常有患者在门口等待。

在关怀患者的同时，康复问题也被提上日程。医护人员走进病房，手把手将施秉银团队编排的卧式、坐式、立式肺功能康复操教给大家，还拍成视频分享给出院的患者。施秉银解释说，患者肺功能都有一定程度的损伤，但他们终究是要回归社会的，需要考虑出院后更深层次的问题。

| 为学科建设建言献策 |

山重水复疑无路，柳暗花明又一村。

在为患者施先生救治的过程中，施秉银带来的科研团队也助了一臂之力。他们从西安运来干细胞干预治疗消除炎症，运用国外医学杂志刊发的转阴药物建议，结合钟南山院士提出的“羟氯喹＋阿奇霉素”疗法，破解了其核酸检测迟迟不转阴的顽疾。

疫情期间，施秉银还肩负着给国家提供疫情防控方案和建议的使命，两次向国务院副总理孙春兰率领的中央指导组汇报工作。他说，全国各地传染病定点医院基本都不是实力最强的医院，有的甚至不具备收治危重型患者的能力，现有的医疗资源布局需要优化。传染病学科建设薄弱现状也不容忽视，“不能说没有战争，就不做国防建设”，一定要重视传染病学科建设和人才培养。

除却君身三重雪，天下谁人配白衣？施秉银用行动传承着“医者仁心，大医精诚”的医者精神。

施秉银团队离开武汉时，患者施先生用稿纸写下《一场生与死的较量》的感谢信，回顾自己“九死一生”的救治过程。当医疗队的车队经过一个康复者隔离点时，在医患微信群里，康复中的解女士用微信语音为医护人员现场唱起《我和我的祖国》……

归来仍是少年

3 月的最后一天，援鄂护士郭京哭着离开了武汉。

当她乘坐大巴车，向曾经奋战了 65 天的武汉告别的时候，这座曾经陷入寂静的城市已经洒满了春意。南国的春天已经到来，她和其他 130 多名北京医疗队队员也到了该返程的时刻。告别的那天，来欢送医疗队的市民们站成了排，气球在风中摇摆，掌声一阵接着一阵。回想起两个多月里那些辛苦而又难忘的记忆，眼前徘徊着即将离别的感动与不舍，郭京一时哭得无法自已。

5 月 6 日，郭京正式回到首都医科大学宣武医院恢复工作。她说，英雄离我太远，归来仍是少年。

| 武汉静悄悄 |

如果时间重新拨回到离开北京的那天，郭京说，只能用一个词来形容当时的情形——突然。

1 月 27 日，大年初三，正吃着午饭的她突然接到了医院通知紧急

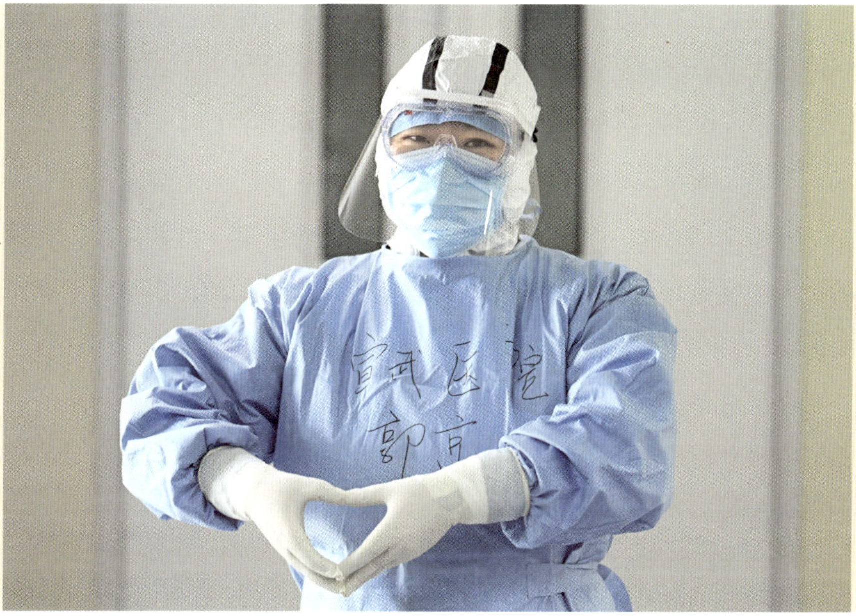

郭京在武汉协和医院抗击疫情

培训的电话。刚走出家门不远，她又接到了第二通电话，提醒让她带上行李箱。当天晚上，郭京和全体北京援鄂医疗队队员就踏上了前往武汉的征程。她仍然记得落地武汉天河机场航站楼时的空旷，偌大的建筑空间里几乎只有医疗队员的身影。而在赶往住处的途中，公路上的车辆已经“绝迹”，整个城市都变得静悄悄。此刻，她才明白“封城”意味着什么。

稍作休整后，第二天，北京医疗队立刻与武汉协和医院西院展开对接。经过协商，该医院 8 层、10 层、12 层的共 150 张床位由北京医疗队接管。此后，郭京与医疗队队员以及武汉协和医院的护士，合作负责 10 层病床的护理工作。

回想起初入病房时的情景，郭京说："一开始明显感觉病房气氛比较压抑，患者情绪低沉。"为了缓解患者们的精神压力，郭京和同事们一个个走近病床，鼓励开导患者，还在他们的床头前贴上写满鼓劲话语的小纸条。通过一段时间耐心周到的护理，患者们的情绪渐渐有所好转，开始主动跟护士们说话了。郭京记得，病房里一位平常比较沉默的老太太突然对她说："我不知道你们是谁，但我知道你们是为了谁而来的。"

在与患者朝夕相处的日子里，病人与医护人员建立起了和睦的关系。一些患者非常体贴护士的工作，为了不在夜里麻烦郭京，一位习惯起夜的患者到了晚上总会自觉穿上纸尿裤。郭京感叹："武汉人民真是太好了。"郭京护理过最长时间的患者是一位 60 岁的老大爷，这是一位态度积极向上的老人，经常向郭京仔细询问服药的细节和病情状况。在住进病房的半个多月时间里，老人一直保持着良好的精神面貌。但是，病情恶化的速度让人无法预测，最终，老人没能战胜病毒。得知老人去世的消息后，一股悲伤的情绪久久郁结在郭京心中。

作为离患者最近的人，病房里的每张床位都牵挂着护士们的心。面对病人的离世，郭京和护士们私下会相互诉说，舒缓无法抑制的悲伤。同事间亲密无私的配合常常成为郭京工作中的动力源泉，她说，经过武汉一战，她们已经成了生死之交。

| 开过冬春的向日葵 |

郭京很难忘却一次紧急抢救任务，那一次，她触摸到了医护人员奉献精神的真正内涵。

当时，一位病人消化道出血，需要做胃镜。正轮到来自北京老年医院的护士阮征接班，然而就在不久之前，她不小心扭伤了脚腕。为了不增添同事的工作量，阮征忍着脚伤坚持顶完了 4 个小时的排班。她一直坚持在患者身边，紧紧握住患者的手，直到抢救结束。

两双手紧紧相握，两条生命紧紧依偎，这一幕情景深深地触动了郭京。

虽然一直奋战在疫情的最前线，但郭京并不感到孤单。相反，她时常感叹身边有这么多人爱护着她。自己不过是某一天随手在朋友圈里表达了对向日葵的喜爱，接下来的每一天，便有不同的人给她发来各种向日葵的照片。

在 65 个日日夜夜里，她远在北京的同事们，从科室主任、党支部书记到实习学生都时刻牵挂着郭京的安危。驻扎在武汉的每一天，郭京所在的科室护士长王欣然都会主动给她发消息，询问她的工作以及心情，没有一天落下过。有时她凌晨下了班想找护士长聊天，对方依然在线守候着。无论是工作上遇到的困难，还是一时心情不愉快，郭京都能随时找到护士长倾诉。

后方的支持给郭京提供了莫大的宽慰，这样体贴入微的关怀一直延续到郭京回归工作岗位。5 月 6 日，重新返回宣武医院开始工作的郭京收获了一份特殊的礼物——一本名叫《开过冬春的向日葵》的册子。同事们把郭京曾经发在朋友圈里的随笔、诗歌、日记、照片等集结汇总在里面，作为她支援武汉的纪念。看到自己曾经记录下的只言片语被如此保存下来，郭京备受感动，也为能在这么一个温暖的团队中工作感到庆幸。

回到宣武医院后，郭京主要担任外科教学干事工作，培养护理接班人。由于她特有亲和力，学生们都叫她“郭妈妈”。

师生关系在郭京心里一直占有重要地位。17 年前非典时，还是个小丫头的她被老师带着上了一线。当时遇见病情严重的患者，从来都是老师义不容辞地顶在最前面。如今，她自己也成为那个能独当一面、担起责任的老师。

时光飞逝，一代代医务工作者无声地传递着甘于奉献的职业精神，而新一代的年轻人也在这次抗疫实战中学到更多。

从武汉回京后，郭京得知，很多年轻学生已经主动支援北京小汤山医院一个多月了。看着她们年轻的面庞，郭京仿佛看到了从前的自己，更像看到了未来。她想，未来更值得期待。

与病毒战斗到底

4月4日上午10时整，湖北武汉江汉关大楼的钟声准时敲响，行驶在武汉长江大桥上的车辆全部停车鸣笛，防空警报响彻黄鹤楼、长江码头、汉口街角……3分钟默哀，对抗击新冠肺炎疫情斗争中牺牲的烈士和逝世的同胞表示深切哀悼。

此刻，湖北省新型冠状病毒专家组组长、华中科技大学同济医院呼吸与危重症医学科主任赵建平也暂时放下手中的工作，微微低下了头。

当日，据国家卫健委公布的疫情数据显示，湖北重症病例303例，其中武汉300例。与最高峰的万例相比，这一数字已经一降再降。然而，千方百计救治重症、危重症患者仍是当前阶段性战“疫”的关键。

对此，赵建平不敢放松分毫，继续穿梭于专家组会议、会诊、隔离病房，和过去3个月的每一天一样。当驰援湖北的医疗队陆续回家时，赵建平和武汉的医务工作者们仍然坚守在重症患者旁，与病毒战斗到底。

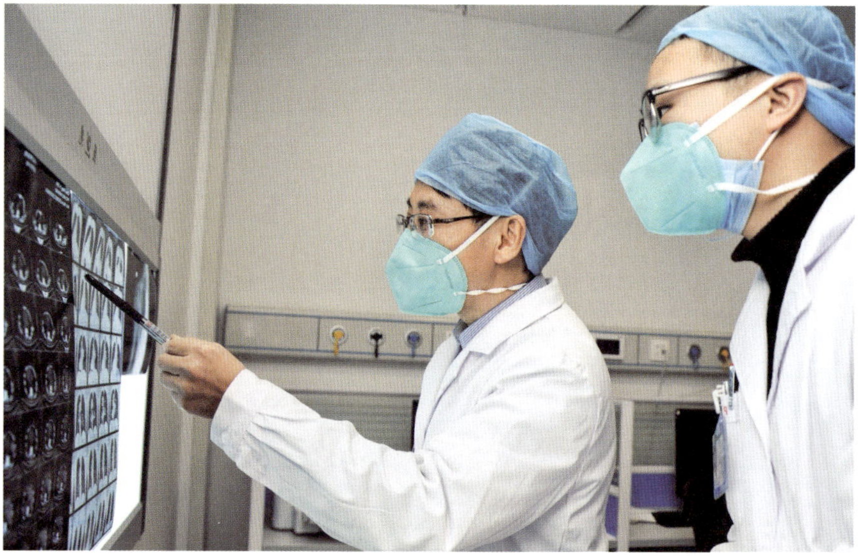

赵建平每天穿梭于专家组会议、会诊、隔离病房，不敢放松分毫

重任

对赵建平来说，他的战“疫”在 2019 年 12 月底就打响了。

彼时，同济医院收治了 3 位发热、肺部感染的病人，胸部 CT 显示双肺呈弥漫性、浸润性病变，其中夫妻两人先后发病。曾在 2003 年担任湖北省非典专家组副组长的赵建平感到了患者的不同寻常，要求第一时间上报武汉市硚口区疾控中心，并在各科室排查有无类似患者。结果，共发现 12 例类似病人，且均与武汉华南海鲜市场有关。

“情况紧急，必须将患者全部隔离，实行集中管理。”赵建平一声令下，科室立即行动。医院感染管理科现场指导设立隔离区域，护士长组织领取防护用品并进行防护措施的培训，严格按照要求启动标准二级防控，护理人员安排专班守护，清理家属，实行全无陪隔离管理……随后，12 例不明原因肺炎病人转至传染病救治医院定点隔离。

然而，病毒传播速度之快让人猝不及防。不久，武汉多家医院均发现疑似病例，湖北省随即组建专家组。同济医院是全国排名前八、华中地区排名第一的综合性医院，赵建平所在的呼吸与危重症医学科又是国家重点学科、教育部重点实验室。临危受命，赵建平责无旁贷出任专家组组长，负责全省不明原因肺炎的诊治工作。

从 12 个确诊病例上升至过万病例，每日疫情数字的变化都在催促着赵建平快一点、再快一点。1 月 22 日，为了提高诊治效率，赵建平第一时间联系感染科、急诊科专家根据同济医院和武汉市接诊的第一批患者的第一手资料，制定了《新型冠状病毒肺炎诊疗快速指南》。

从战“疫”打响至今，赵建平没有休息过一天，甚至连一个安稳觉都没睡过。他带领同济医院医护人员深扎于一线救治患者，与国家派来的医疗救治专家通力合作，不断从医院层面、国家层面推进诊疗指南和救治方案迭代升级，至今共修订了五版诊疗规范，撑起了防治重症新冠肺炎的第一道防线。

| 时机 |

从事呼吸科诊治几十年，赵建平对患有呼吸疾病患者的痛苦感同身受。面对新冠肺炎疫情，这份共情感更敲击着他的心。只要能为患者好，他不怕劳累，胆大心细地实践着自己不断改进的治疗方案。

在赵建平的方案中，“时机”是治疗的关键。就拿如何使用激素这一医学界争议较大的问题来说，经过详细的回顾、对比分析，赵建平提出，对于新冠肺炎早期轻症病人，不建议使用激素，对于 7—10 天后如出现持续高热、明显呼吸困难、低氧血症或影像学进展明显的患者可加激素。

一次，医院收治了一位 70 多岁的女性患者，入院时血氧饱和度只有 70% 多，上了无创呼吸机后，血氧饱和度也只有 80%，持续两天，依旧无好转。按照以往的治疗方法，这位患者应使用气管插管进行治疗。

但是，为了避免后续的并发症，赵建平一直守护在患者身边，慢慢地调试，加上药物、激素的使用，到第四天，血氧饱和度达到了 90%~95%，到第七天，患者的血氧饱和度达到了 98%，脱离了危险。

一例例鲜活的转危为安病例给赵建平带来了莫大的信心。“越是难的病例越是要用心。”赵建平说，“在担任全省专家组组长前，我首先是一位医生。”

治疗过程中，赵建平还提出，对于血氧饱和度不好的患者，用好无创呼吸机，配合小心调试药物，比直接气管插管更好，能有效地避免一系列的并发症，提高救治率。

疫情防控期间，赵建平不放过身边任何一个疑难重症，积极实施自己的治疗方案，以病人更好的恢复、更好的生活质量为宗旨，在临床上悉心探索、照料，帮助一位位患者渡过最危险的时期。

| 叮嘱 |

1 月 29 日，全国首例高龄新冠病毒肺炎感染患者经治疗顺利出院，这名 78 岁高龄患者正是由赵建平团队诊治的。

患者从 1 月初出现感染迹象到治愈出院，前后历经 25 天。其间，出现了呼吸困难、严重低氧血症等危重症状，还上了呼吸机。

“与病毒做抗争，心态很重要。”在总结自己战胜病毒的过程时，患者如是说。但是，患者不知道的是，为了让他保持良好的心态配合治疗，赵建平顶着巨大压力说了一个善意的谎言。

“从医学术语上来说，当时他肺部的片子显示两个肺都白了，情况非常危重。但是，看他感觉挺好，我们决定暂时不告诉他实际情况，只说通过治疗慢慢会好的。”没想到，帮患者消除担心，反而起到了很好的效果。

疫情防控期间，除了对患者的百分之百用心，赵建平说得最多的是叮嘱的话。他说，无论是否工作状态，无论是在病房或是其他环境，口罩一定要戴上；他说，与患者接触最多、感染风险最大的是医护人员，再加上全国范围内的医护队驰援湖北，医护人员的防控更显重要。

作为湖北省新冠肺炎接诊第一人、湖北省新型冠状病毒专家组组长，他从不放过任何叮嘱的机会。对自己的科室，他千叮万嘱；去会诊、去其他医院、去任何场所，他首先强调的也是安全防护；面对前来驰援的医疗队，除了感谢，他依旧是不断叮嘱……

除了叮嘱，赵建平还是位能讲真话也肯讲真话的医生。从新冠肺炎“无症状也能人传人”到“鼻咽拭子核酸检测的阳性率大概在30%~40%，检测呈阴性不能排除新型冠状病毒肺炎”，赵建平是提出这些观点的专家之一。

然而，对于赵建平来说，4月并不是庆祝疫情防控胜利的时刻。目前，同济医院收治的170位患者中，重症病人仍达108位。救治时间的增长，让重症患者的恢复和治愈变得更加艰难。

4月8日武汉解封时，赵建平仍奋战在治疗重症患者的第一线。他要与病毒战斗到底，直到所有重症病例回归至零。

第三编

抗疫记忆

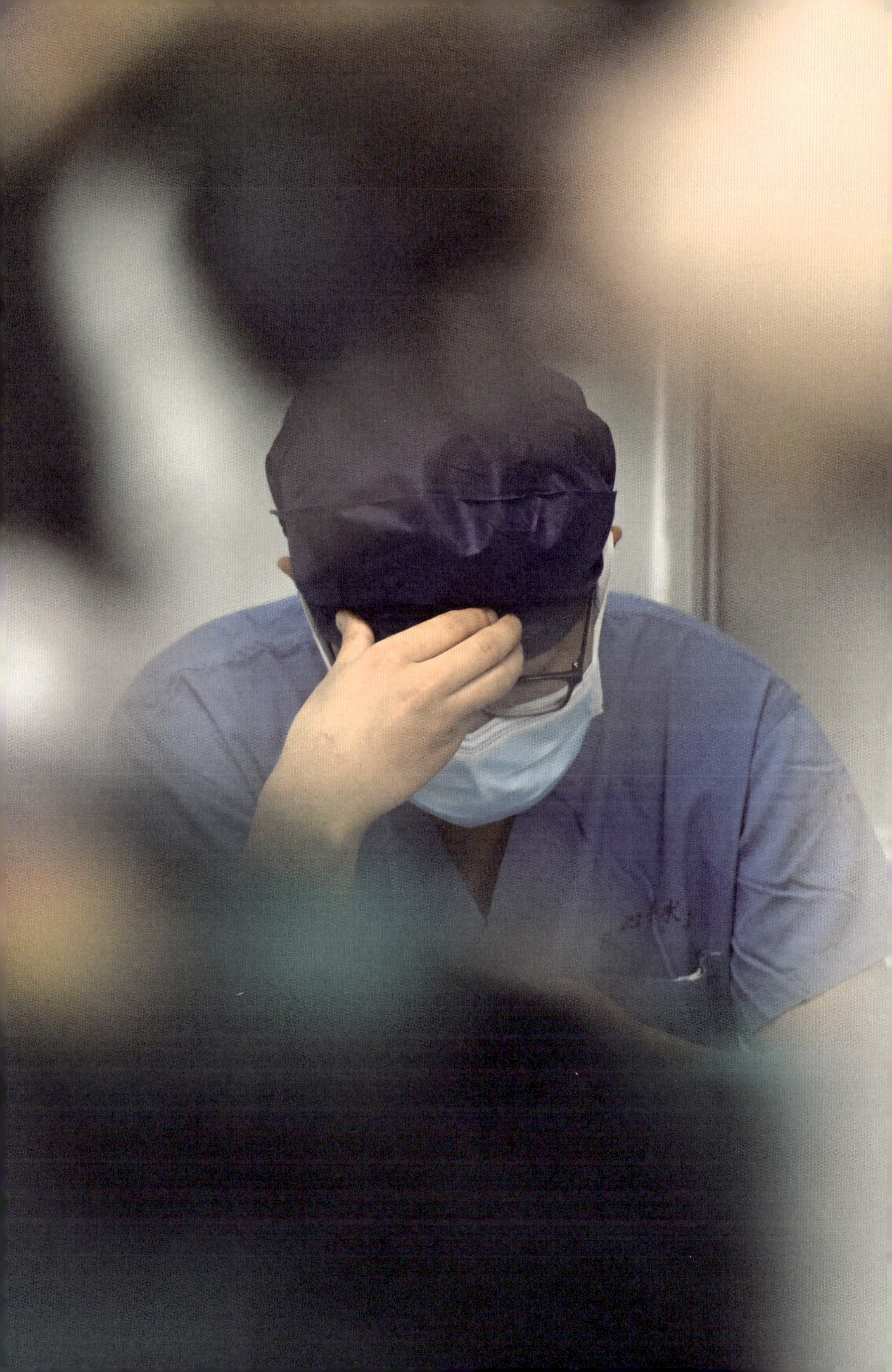

禁区勇士

当人们躺在地上，一动不动
天显得更高远，更晴朗壮丽
人们喜欢，忘却微弱的呼吸
看轻云逃逸在辉煌的空中

——［法］苏利·普吕多姆《天空》

庚子新春的钟声还未敲响，新型冠状病毒肺炎疫情阴云笼罩下的武汉按下了暂停键。

经历过最初短暂的紧张、恐惧之后，国网湖北检修公司输电检修中心带电作业班二班班长胡洪炜很快就强迫自己从封城的焦虑与无助中走了出来。他居住的小区距离工作的单位很近，第一次出门时他把自己防护得严严实实。胡洪炜跟妻子蒋敏商量，家里有老人也有孩子，工作结束后干脆住在办公室里吧。蒋敏红了眼圈，一口气说了三个“不行”，斩钉截铁地让他每天不论早晚，必须回家，大不了从头到脚、从外到里仔仔细细地消毒杀菌。

胡洪炜其实也不想留在外面，他比以往任何时候都眷恋这个家，没有什么是比一家人健康、安全地聚拢在一起更美好的事情了。

时过境迁，再回头想想，在新型冠状病毒肺炎确诊人数呈上升趋势的那段日子里，胡洪炜还是有几分后怕与自责，自己每天都回家是不是对家人太不负责任了呢。但有一点他觉得自己做得还行，对得起跟自己一起吃苦流汗的兄弟们。疫情肆虐的日子里，他能自己完成的就自己去做，绝不会多带一个工友出行，少一个人就能减少一分被感染的风险，应急值班能给自己多排一天就多排一天。虽然他的工作是攀爬铁塔，然而人毕竟不是铁铸的，他可以有钢铁般的意志，心却是柔软、温热的，劳累一天，一身疲倦与困顿，他只想回家，回到有女儿欢笑、有妻子忙碌、有老人唠叨的家里去。家里灯光明亮，饭菜飘香，他为这座城市保障着电力，唯一所求就是回家为自己充充电。他需要家人，家人也需要他，他们比任何时候都强烈地彼此需要着，虽然他的每一次外出与归来都有可能会给他们带来被感染的风险。

500 千伏江兴一回 88 号至 89 号杆塔间左侧地线发现断股 4 根！

“叮”的一声，国家电网湖北检修公司输电检修中心生产群里发来一条即时消息，正在应急值班的胡洪炜第一时间看到了。他看着前方特巡同事发来的缺陷照片，下意识地做着评估：地线下垂接近导线，线路很有可能会跳闸。500 千伏江兴一回承担着三峡电力外送的重任，是湖北主网的电力“主动脉”，一旦发生故障，将直接影响湖北乃至送往华东地区的电力供应。

武汉封城已经第 26 天了。武汉周边零零碎碎的电力故障不断，这

国家电网湖北分公司的工人正在搬运电缆，准备在电缆沟施放，确保医疗设备安全可靠供电　　丰俊 / 摄

边刚按下葫芦，那边就浮起了瓢，胡洪炜左支右绌，带着留守武汉的同事全力应对。这一次不一样，故障地点位于荆门，若在畅通无阻的情况下，只需两个小时的车程，但眼下武汉封城，物理阻隔疫情传播蔓延的同时也为电力检修造成了种种不便。出行难，就餐难，住宿难，但再难电力消缺也不能停，只能迎难而上。再难难不过那些与新型冠状病毒正面交锋的医护人员，比起他们来，电力人的战场已经算是大后方了。

武汉去荆门的路上，有一小段景致总会让胡洪炜产生瞬间的错觉。按说荆楚与南粤相隔千里，风光大不相同，但不知为何，那一片风景却总能让胡洪炜跨越时空，回到曾经闪耀着青春之光的橄榄绿中。叛逆的少年被严厉的父亲送上新兵专列，一路向南，去接受军营血与火的淬炼。男儿郎的成熟是在一夜之间完成的，更何况是一千多个守卫大瑶山隧道的日与夜。三年后，从广东韶关退伍回到家的胡洪炜，明明还是那个少年，却也不再是那个少年。知子莫若父，作为老电力人的父亲最能感觉到儿子的变化。老胡是国家电网湖北公司的一名驾驶员，在没有GPS导航的年代里，如识途老马般精准地定位着工作范围内的每一根杆塔。做事有条理有章法，讲求效率与逻辑，先做什么后做什么，大事不慌小事不乱。基因密码就是这样神奇，缔造显性的肉身骨血时一并将隐性的品格埋藏其间，静待时光伺机开启转捩点。

作为父亲的老胡一眼就看出儿子已经发生了从水到酒的质变，当初硬着心肠把他送去当兵，在参军入伍与读书考学的单选题中替儿子做了选择。彼时，国家电网的选人机制中对系统内部子女就业多有照拂，小胡借助父亲获得了退伍安置进入国家电网的工作机会。与昔日的叔叔伯伯们成了同事后，初生牛犊引起了一个人的注意，此人就是闫旭东。闫旭东是看着胡洪炜长大的，那时胡洪炜是一个又黑又瘦的熊孩子，上墙爬树调皮捣蛋，哪里高就往哪里钻。退伍后的胡洪炜变得沉静内敛，少年郎褪去顽劣，刚毅渐现。

国网湖北检修公司输电检修中心带电作业班组是新中国成立 70 年最具影响力十佳班组之一。这里有片繁盛的“成才林”，葳蕤丰茂，传承有序、谱系分明。成才林中专家林立、技师纵横，有人才济济、薪火相传的“汤正汉劳模创新工作室”，更有层出不穷的“第一人”。

闫旭东身上的标签便是中国 500 千伏带电作业第一人。

1981 年，年仅 21 岁的闫旭东从老家罗田来到国家电网湖北分公司，做起了电网检修工。当时中国第一个 500 千伏交流超高压输电工程——平武工程建成投产。湖北超高压输变电路公司带电检修队，在 500 千伏平武线的导线上首次进行，实地等电位带电作业，开了中国 500 千伏等电位带电作业技术先河。那是一个值得铭记的时代，那是一次英雄的壮举。闫旭东的徒弟收了一拨又一拨，但胡洪炜对他来说是不同寻常的那一个。就个人条件而言，胡洪炜一米八的身高其实并不适合带电作业，但三年军营练就的结实精壮以及先天的敏捷机灵完美地补充了身高的短板。

多年之后，闫旭东依然清晰地记得徒弟曾经带给他的震撼。带电作业两大危险，一是高空，二是带电。也许胡洪炜天生就具有鸟的属性，第一次攀爬就对高空产生了永久免疫，这让作为师傅的闫旭东惊叹不已。软梯是电力人得以骞翮远翥的依傍，而攀爬软梯一度打湿了胡洪炜振翅欲飞的翅膀。新员工入职培训的训练场上，别人用一个月已经熟练掌握了技巧，笨鸟胡洪炜却刚刚及格。气喘吁吁地爬到杆塔的顶端，

国家电网湖北分公司 40 名员工写下请战书，组成火神山医院电力保障队　　黄凯 / 摄

将自己蛰伏在离地面几十米高的电线上，想象自己是一只俯瞰大地的鸟雀，一只暂时休整的雨燕，抑或是被印刷在音乐课本上的音符。音符在胡洪炜耳边轻声吟唱：我要飞得更高，更高！

在闫旭东所有的徒弟当中，胡洪炜不是最聪明的，但他是最努力的；胡洪炜不是最有智慧的，但他是最刻苦的；胡洪炜也不是最有成就的，但他是工作最认真的；胡洪炜更不是最会创新的，但他是最踏实的。他努力、刻苦、认真、踏实地练习着爬软梯的技能，半年之后，软梯攀爬有了教科书一样的样板，有了标准——胡洪炜标准。徒弟的成长，师傅看在眼里喜在心上，这是一对相似度极高的师徒，同样不抽烟、不喝酒，没有狂言、没有妄语，师徒二人最温情的时刻便是聊工作，探讨如何改进高空带电作业的工具，让它们重量更轻、体积更小、功能更全。师徒二人各有一个百宝箱，里面装满了各自研发、制作的各种工具。原本师傅的箱子是沉甸甸的神秘宝藏，但没过几年，徒弟的箱子里亦变得丰盈饱满，各种宝物一应俱全。时代阔步向前，一代更比一代强。

2009 年 6 月 10 日，胡洪炜迎来了从业生涯中最大的挑战：世界上首次 ±800 千伏特高压直流带电作业试验！上午 9：30，在北京特高压直流带电作业试验基地内，胡洪炜身穿宇航服般的金属屏蔽服，一步一步登上高耸的特高压铁塔。他目光坚定，迈着坚定的步伐去实现那个坚定的信念。十年前，他从部队退伍成为一名电力人，十年磨一剑，却霜刃未曾试。一年前，他被确定为唯一的种子选手；半年前，他跟团队开始了艰难的合练，所有的准备与努力，都是为了这一刻：±800 千伏特高压直流带电作业试验。

铁塔高耸凌云，高压线倔强地在天空画下存在的痕迹。微风拂面，像师傅的殷殷叮嘱，也像新婚妻子温热的柔荑……他暂停了一秒钟，深呼一口气，把烦乱收纳起来放置一旁。男儿不展风云志，空负天生八尺躯。这座塔，已经攀爬练习过多少次？白天高空线路模拟，夜晚复盘总结。他快速在心里计算着，洪水一样的数据在脑海里翻腾、叠加、累计，他不是学霸，却也称得上心算高手，然而也没能得出一个准确的运算结果。他只知道，自己早已能够将每一次攀爬速度控制在正负十秒的差距之内，从一张电力白纸到十项全能的唯一人选，他走过了艰难困苦玉汝于成的十年。

特高压输电线路具有超强电磁场，产生的强大感应电流，稍一碰触便会瞬间化为灰烬。这是从来没有人敢闯的禁区。导线发出刺耳的“滋滋滋”放电声，胡洪炜毫无惧色，凭借标准的技术动作瞬间进入了特高压直流强电场。进入电位的瞬间，他的脸上犹如无数根小针在扎，头发像被人在用力撕扯。一个小时之后，在队友的默契配合下，在从未有人类进入的强电场中，胡洪炜行云流水般地精准完成了 ±800 千伏特高压直流等电位作业人员安全防护参数测试、等电位导线修补、等电位间隔棒更换的一系列操作。那一刻，新的带电作业世界纪录产生了！他由此成为 ±800 千伏特高压直流带电作业世界第一人。

胡洪炜成为新一代特高压直流带电作业世界纪录保持者！作为师傅的闫旭东甚至比自己当年试验成功还要高兴。更让师傅高兴的是，徒弟也已经当上了师傅，收了一个研究生徒弟，茂盛的“成才林”更加枝繁叶茂，蓊蓊郁郁。往常，一个中心三代师徒，一个话题能扯上半天。庚子新春，老师傅、小徒弟都被疫情阻隔在家，行走在路上的只有承上启下的胡洪炜。

从武汉前往荆门的高速公路被封锁，只能选取其他的路线，一道道防疫关卡，一次次停车检查，时间一分一秒地被耽搁在路上，一段两个小时的车程被延长至五个小时。轻柔的暮霭在天际云端缓缓流淌，胡洪炜一口气爬上了 40 米的高塔，这是输电检修中心疫情后的第一次带电作业。病灶就在那里，地线断了 4 股，与无人机巡视拍摄的照片一模一样。胡洪炜把断股松脱的部分恢复原位，装上补强条，又娴熟地将四根 2.3 米长的消缺材料一一补位，40 分钟解决问题。浅粉的暮霭颜色趋于绯紫，习惯了行走云端的日子，突然不得不收紧羽翼成为屋内的困兽，胡洪炜忽然很想在高空多停留一会。高压线是翱翔天际的电力高速公路，与现代文明须臾不可离。这条公路的神经末梢会降临人间，点亮武汉的万家灯火。将高空熟悉的清冽的空气装满肺后，胡洪炜脚踩大地，与他的队友们踏上回家的路。

工作群里一片欢腾，为这一次消缺成功欢欣鼓舞，其实这不过是他们再平常再普通不过的一次任务，却因为 2020 年庚子新春而变得不那么平常不那么普通。

每次返程，胡洪炜都会给妻子打一个电话，预估一下回家的时间。但这一次他无法给出准确的时间。蒋敏不多问，也不介意，安全回来就好。回来得早就给他开门，若晚了，就给他留一盏灯。

胡洪炜已经不记得从什么时候开始，在填写表格“所获得的荣誉”一栏时，即便是用五号字，也需要另附页。那横平竖直的一个矩形框里是 2008 年以来他用实打实的心血与汗水换来的一行又一行，那是被加精置顶的精华帖，是他高倍浓缩的人生原液。任何一行单挑出来解读、讲述，都是一个励志故事，都可以被选编入国家电网新人入职培训教材。的确，近十年来国家电网湖北公司新入职员工大多已经在培训课上观看过胡洪炜的事迹纪录片。其中那些有幸与他成为同事的人，在真真切切与他共同工作、生活一段时间之后才发现，原来纪录片只拍出了胡洪炜优秀品格的二分之一，然后他们会心悦诚服地喊一声“炜炜哥”。

堆积如山的荣誉证书中，有一本是胡洪炜倍加珍视的：2008 年 9 月在国家电网公司 500 千伏输电线路带电作业技能竞赛获团体三等奖。那是胡洪炜初露峥嵘的一次比赛。当年同场竞技的来自荆门输电检修中心的尹洪，2018 年调任至武汉输电检修中心，十年之后尹洪才意识到为什么当初来自武汉输电检修中心的胡洪炜、李明那么厉害。

胡洪炜与李明同岁，是同一年入职来到带电作业班的。两个人曾多次一起参加技术比武，打遍湖北无敌手。李明脑筋灵活，接受新鲜事物速度快，刚刚起步学技术那会儿，苦练一个月攀爬技术就达到优秀的就是他。也就是在那个时候，李明开始觉察到自己与胡洪炜的不同，他的职业观念是把工作做好，而胡洪炜是力求完美、追求极致。间隔棒损坏是常见的缺陷故障，胡洪炜第一次参加线路检修就是更换 500 千伏葛南线的间隔棒。第一天，师傅闫旭东一口气换了 8 个，胡洪炜却只换了 3 个，闫旭东完成自己的任务后帮着徒弟换了 1 档线的间隔棒。晚上，胡洪炜睡不着，他躺在床上翻来覆去琢磨师傅的动作要领，甚至做了一晚上更换间隔棒的梦。第二天，他先是认真观察师傅的操作，又把昨天晚上自己大半夜想到的窍门和点子跟师傅说了一下。磨刀不误砍柴工，师徒二人研究了半天，决定在传统的更换方法上做一番改进。这天收工时，师傅闫旭东仅以微弱的优势领先了徒弟胡洪炜一个工位。大逆转发

国家电网湖北分公司党员服务队在方舱医院正式启用前，主动上门对场馆用电设施进行用电检查，确保供电万无一失

朱长江 / 摄

生在第三天，胡洪炜不仅完成了自己的既定任务，还返回来帮着师傅闫旭东换了 1 档线。“名师出高徒”用在闫旭东、胡洪炜这对师徒身上再贴切不过，胡洪炜也用实力证明了“青出于蓝而胜于蓝”真实不虚。

除了工作，胡洪炜几乎没什么业余爱好，李明则不同，他喜欢摩托车，热衷于越野，酷爱攀岩。那个时候，他们都是单身，白天外出工作，下午下班后就相约打篮球，累了就骑着自行车江南江北找好吃的。有一次两个人骑行了很远，找到一家超级好吃的饺子馆，两个像小火炉一样年轻的胃囊里，分别装进去一斤半饺子，还各自用了一瓶啤酒，感觉好极了。那个时候，胡洪炜已经把攀爬软梯练到了极致，成了示范与样板，李明的职业追求依然是“好”。这个“好”也将他送至了 1000 千伏直升机带电作业第一人的云端。两个人差不多同时结婚，又不约而同都生了一个女儿。有着太多相同经历却更有诸多不同的两个人，是生活中的好兄弟，能彼此倾倒一下内心不可言说的苦水，也是工作上的好搭档。他们的工作性质决定了与工友在一起的时间比家人要多得多，时间将工作中的他与他合二为一，默契到无须言语，只需一个眼神，彼此就能知道想什么、要什么，甚至到后来，连眼神都不再需要了，仅凭感觉就知道对方的工作进展与所思所盼。有一次，正在进行消缺的胡洪炜，突然发现少带了一个至关重要的工具，心念一起，李明已经把他想要的东西递到了眼前。

倘若胡洪炜与李明的默契只是国家电网湖北检修公司输电检修中心带电作业班组的一个特例，是不会让十年之后走进这个集体的尹洪啧啧称奇的。神奇的是这个集体当中的任意一对工作组合，就有可能是专家与技术能手的比肩而立，是国网工匠与最美青工的手挽手、肩并肩，抑或是两个劳模之间的高端对话，朝夕相处培养出的心意相通，造就了一种现象级的存在。十年之后，已经担任输电检修中心党委书记的尹洪终于发现了自己当年无法在比武场上战胜胡洪炜的终极原因：胡洪炜不是一个人在战斗，他的背后有一个强大的团队在支撑着他，他不是孤立无援个体的他，而是众志成城、聚薪成炬的他们。

3 月 3 日，胡洪炜又一次站在了这个城市的上空，在 500 千伏玉军二回 78 号塔上俯瞰大地。这座被迫放缓脚步的城市，在阳春三月的明媚繁花中有一种别样的意兴阑珊。

二月的严峻情势，并没有在三月的期待中好转。国家电网援助湖北的通航公司用载人直升机替代了以前的人工输电线路巡检，一般的故障可以适时排除，但超特高压线路上出现的疑难杂症，依然非带电作业班莫属。

500千伏玉军线是蔡甸连接军山500千伏超高压的“主动脉”，是此刻胡洪炜目力不能及的火神山医院、同济医院中法新城院区的上级电源线路，同时还承担着汉阳区域的电力供应。间隔棒掉爪是严重缺陷，如果不及时进行处理，将会引起导线断股甚至断线跳闸，直接威胁到电网安全。

地面从胡洪炜的视角看过去，是线条与区块的交错与拼接，地面姹紫嫣红形态各异的春花被整齐划为一个个色块，这个视角被称为鸟瞰。胡洪炜调整好姿势，快速出手稳稳抓住均压环，熟悉的“滋滋”放电声，美轮美奂的蓝色电弧，他顺利进入等电位。带电作业的等电位原理最初是书本上的知识，后来是师傅手把手教授的经验，如今成为自己实现人生梦想的工作日常。电，是大自然赐予人类最精妙的魔法之一，它改变着时代的形态，左右着时代的进程。一阵熏风自地面飞快地袭来，裹挟着缤纷色块的芬芳馥郁。此刻的武汉，这样自由呼吸的能有几人？这座英雄的城市里的人们，正在为中华大地上其他人的生命安全做着巨大的牺牲。有人将电力人所从事的事业比作彩虹工程，彩虹的物理样貌像一座桥，本质是一种能量的抵达。胡洪炜心随意动，把对这个城市的祝福全部聚焦在十个指尖，他拆除了掉爪的旧间隔棒，将一个安全无虞的新间隔棒安装在最适当的位置上。“你不需要知道我是谁，我却知道自己是为了谁。”这不是自我陶醉，更不是自我感动，这是胡洪炜对这座哺育自己的城市的深情抵达。

落地的瞬间，一阵抑制不住的干呕。胡洪炜的胃又在无端愠怒，它不再是以前那个可以容得下一斤半饺子和一整瓶啤酒的好脾气的容器。胃的基本功能是接受，它接受一切外来的东西，接受一切需要消化的东西。除了接受之外，胃也制造和分泌胃酸，只有腐蚀、分解才能达到消化的目的。然而，现实生活中接受与消化的不仅仅是能够支撑生命的五谷杂粮，还有压力与情绪。胡洪炜的胃去年就开始闹情绪，换了几家医院都没有降服它。二十年的饮食不规律、高空带电作业的巨大压力以及尘世间的种种纷乱与是非让它不堪重负，胃不高兴的后果很严重，胡洪炜暴瘦了三十斤。他不得不开始照顾它，照顾它的情绪，让自己慢下来、静下来，从一心利他中分拨出一点时间安抚它、照料它。无数个被反流性食管炎折磨得无法安睡的夜晚，在一旁假寐的妻子闭着眼睛静静流泪，身旁的男人是不是工匠、是不是劳模一点都不重要，她只愿他平安、健康。黑暗中，蒋敏的声音清晰而清冷，“胡洪炜，你不是一个人，你还有我们”。

凌云御风的感觉很好，但就人类而言，终究还是眷恋大地的平实。抬头仰望高空，高压线肩负使命蜿蜒向前。每个人都有自己的使命，此时的胡洪炜比任何时候都更能理解自己的使命，当他作为一名士兵守卫大瑶山隧道的时候，当他冲破人类生命禁区进入 800 千伏特高压电磁场，当他手捧沉甸甸的劳动模范奖章，当他在鲜红的旗帜下高高举起右手，背诵出那段百年誓言，那誓言就成了他必须要践行一生的使命。

（一半　李萍　雷钟洋 | 国家电网湖北分公司）

我在抗疫中火线入党

我是安徽省胸科医院的一名“90后”护士，和很多同龄的女孩子一样，爱美、爱零食、爱追剧，柯南、福尔摩斯是我的“idol（偶像）”。原本，我就是这么一个普通、平凡的女孩。

但是，当新冠肺炎疫情肆虐而来，当看到武汉医护人员严重缺乏时，我再也坐不住了。我第一时间请战，被选入安徽省首批支援湖北的医疗队，于1月27日星夜驰援武汉，加入了最不平凡的一场战斗。

1月28日，我们来到了武汉金银潭医院，空气中弥漫着紧张的气息，当我看到满满当当的床位、病情严重的患者，第一次感受到新冠病毒的凶险以及生死尽在眼前的无力。来之前天不怕地不怕的我有了一丝害怕，心情也变得沉重。我默默对自己说：必须强大起来，保护病人、保护自己！

在接受院感培训和穿脱防护服的演练后，1月29日，我正式踏入了“红色雷区”——金银潭医院的重症监护室，参与危重症患者的救治和护理工作。

我所在的重症监护室由普通病房改造而成，条件非常艰苦，防护物资严重匮乏。为了节约防护服，我们在每天长达9个小时的工作时间里，不吃不喝不上厕所。由于长时间穿戴防护服，我的后脑勺被挤压出了大块的血肿，头部隐隐作痛，双手也在多次消毒下严重过敏。下班回到驻地酒店，我躺在床上，头部血肿疼得没办法睡觉。武汉的冬天很冷，但是被一层层防护服包裹的我却只感到闷热，汗水一遍遍地浸湿衣服，护目镜上、防护面罩上都是水汽。有一天，我出现了腹泻症状，为了不耽误抢救病人，强忍着尴尬穿上了尿不湿，一整天忍受着难闻的气味和身体的不适完成了所有工作。

重症监护室里面的病人大部分是气管插管或者切开的，留取痰标本时必须要把呼吸机管道拿开。为了不延误患者痰标本的留取及治疗，同时降低感染风险，我们头戴着垃圾袋给患者留取痰标本。

在武汉的战斗非常紧张，我们竭尽全力地去救治每一位患者。记得一位高龄患者转入重症病房时，生命体征已经消失，我和值班医生仍然立即予以胸外按压等一系列抢救措施。因抢救时面部是开放性防护，与患者始终处于近距离接触，我能明显感受到患者口中的气流一直喷向我的脸。没有新风系统和头套保护，抢救过程中防护服也被抢救车刮破了。在那种千钧一发的时刻，我已经没有任何时间和精力去思考这些，脑子里只有救人。最终，在与死神的搏斗中，我们赢得了胜利。

我的爱人是一名共产党员，他很支持我的援鄂决定。自我来到武汉，照顾两岁儿子和老人以及家里的大小事务都落到了他一人肩上。在我的身边，也一直有很多优秀的共产党员，疫情期间，他们冲锋在前、敢于牺牲的精神极大地鼓舞了我，他们成为我心中最闪亮的“idol”。于是，我向党组织提出入党申请：我志愿加入中国共产党，为保护人民群众的生命健康而不懈努力，随时准备为党和人民牺牲一切。

奋战的两个多月里，我所在的重症护理团队救治和护理了多名重症患者并做到了零感染。团队先后获得了国家和安徽省“抗击新型冠状病毒肺炎先进集体”，我所在的第一批医疗队也获得了省级先进集体表彰。而最让我激动的是党支部通知我，决定发展我为预备党员了！当天晚上，我一遍又一遍地看通知，激动得睡不着觉。在武汉抗疫一线能够被批准“火线”入党，让我感到莫大的光荣，同时也感到肩上的担子更沉了，责任更重了。

习近平总书记在给北京大学援鄂医疗队全体“90后”党员的回信中说，青年人在新冠肺炎疫情防控斗争中“交出了合格答卷”。这是对我们最大的肯定！抗击新冠肺炎疫情是我们新时代青年人面临的一场最严峻的考验，也是最华丽的成长礼，更是一段最难忘的经历，让作为医务工作者的我们更加明确了初心和使命。与国家命运相比，与同胞生命安全相比，我们遇到的一切困难和磨砺都是值得的。

（汪海珠 | 安徽省胸科医院）

战“疫”路上的摆渡人

这个院子空空荡荡，办公楼大门紧闭，我和博峰站在门禁前犯嘀咕：难道这不是特车大队？莫非他们搬家了不成？

放眼望去，前后两院。前院，100多间车库一字排开。一、二、三中队队部，把头是大队车辆调度室。后院，三层高的机关楼，四中队和保养站小平房守在旁边。

调度室派工单上记着今天的活儿：2020年2月4日，大客车7台次，还有水罐车、洗井泵车、锅炉车、挖沟机、托板车的出车记录，一共16台次。

二楼一扇窗户迅速探出个人影。接着，另一扇窗户，又有一人露出个头来。博峰扯着脖子喊道：“我们是厂纪委办公室和党委巡察办的，来看看疫情防控的情况！”

门开了，一个中等个儿的人快步走出来，口罩遮着脸，一双眼睛挺有神。

还没开口，我俩就被人拦住测了体温。

原来是三位副大队长先后而至，主管生产运行的胡宝华、主管安全的郑岩、主管后勤的高中来。他们把“兵”都安排在家候命，自己却来了。大队长、大队党委书记也在楼上，整个班子，一个都不少！

胡宝华刚从班车调度室忙乎回来，检查消毒，这是他每天雷打不动的“功课”，疫情一来，跑得更勤了。他说，这消毒可是重头戏，马虎不得！

郑岩，从大年初三开始就没休息。大口罩遮住小小的脸儿，好像要把又黑又瘦的小身板儿都装进去似的。

最近，他迎战的都是急活，一中午都在电脑上汇总表格、传达要求、报送情况。每天报六个表，是最基本的。还不算下去检查。

刚点个头，手机响了，郑岩背过身去接，不一会儿，楼上座机一串急促的铃声，追命似的，又把他追回办公室去。

胡大队很兴奋地把手机递过来给我们看，那是厂宣传部昨天刚发布的一条信息。“你看，这几张照片都是我拍的。咱们厂通勤车候车大厅！”照片上，窗明几净，一尘不染，工作人员正在消毒，测体温，检查戴没戴口罩。

这是胡大队天天去的老地方，也是特车大队替全厂坚守的战疫阵地！

“非常时期，得想方设法，让职工少聚堆儿。”

“有啥事儿，电话说，微信说。需要，再来。不需要，在家候命，这样安全。”

说着，他扒拉扒拉手机，只一小半天儿，20多条通话记录。

特车大队机关楼的消毒，高中来谁也没安排，自己来干。这位主管后勤的副大队长，拿出当年在部队当军官的身手，每天都把楼上楼下喷得一丝不苟，好像手里的不是喷壶，而是一把消灭敌人的机关枪。“都突突一遍，心里踏实。”

大客司机是一水儿的“60 后”，其中，沈飞大客黑 E50657 的主人叫张洪军。

55 岁的老张，开了大半辈子车。大伙儿的号码都存在他的手机里，谁要有事儿招呼一声，他就踩脚刹车等等，或是轰脚油门赶赶，都像自家人一样。

可是，大年初二一大早，为戴口罩的事儿，他跟人杠上了！

那丫头，像往常一样，穿着那件雪白的羽绒服，蹦嗒嗒就上来了。

他没好意思伸手拦，但话说出来了：“没戴口罩，不能上哦！”

疫情期间，乘客们依次测量体温后乘车　杨登峰 / 摄

“我身体好，没病！用不着戴！”话接得挺快，但人把着车门扶手，停在那里。满不在乎的语气里透着点儿不大乐意。

“你看，别人都戴了，我也戴了，特殊时期，为全车人安全，你不能上。”他好言相劝。

她脸一红，有些尴尬，声小了下来，但还在分辩：“戴口罩，有啥用。”

老张一指后面的党支部书记李登友：“你看，我们领导跟车检查呢，我要让你上，肯定通不过！”

车上的几位，也不干了：“没戴口罩，就是不能上！”

“那咋整，要不我给你掏打车钱？”

“要不你打电话，让队里来接你？”

“算我求你了！”他连哄带劝，说好话，说软话。

车开走了。留下没戴口罩的那丫头。

“大冷天，也不知，队里来车接她没，她后来咋上的班。”晚上回家，老张惦记，心里不是个滋味。

第二天，那活泼的小丫头，第一个就上来了！特意凑到老张跟前：“你看，今天我可戴口罩了！”老张乐了，心里一暖。人心都是肉长的，知道好歹。

1 月 20 日，电视上刚有新冠肺炎消息，队长王大玮就给老张打电话：“咱们非典那年发的消毒液还有没有了？”

老张如实回答：“有，可是都过期了，不能用。”

可老张万万没想到，第二天，他就领到了一份消毒液和一个喷壶，其他客车司机都有。王队长自掏腰包买的！

很快，消毒液充足了。厂里给他们特批，哪里紧，大客车不能紧，哪里缺，大客车上不能缺！

全厂上上下下8000多人，住在大庆市区东南西北十几个小区。每天几十台大客车跑，二十多条线路把人运来运去。

厂生产运行部操心的不止这些。

对外协车辆，特殊时期，不许合车，不许不出车，不许拒载，有几个坐车就拉几个，尽量稀释。每天下午3点，再忙，也有干部去车场“盯”。小队的，大队的，厂里的，都来，三级防护。

这次的公共卫生突发事件，大伙儿都没经历过。本来，忙了一年，好不容易盼着过年能好好歇歇，这冷不丁事儿就来了，而且，比预想的要难干得多，真是一场大考！

上午九点多，司机张洪军正好收完车。

“天天都拉那么多人，都是流动的。现在满世界都知道待在家里最安全，少跟人接触最安全，可总得有人开车，不然，这么大个油田，大伙儿咋上班啊？”

“过年这几天，我基本全出车了，三十儿，初一，初八，初九，都上班了。大客车人手少，我又没啥事儿。”

“眼下，遇上困难了，大伙儿能干点儿啥，就干点儿啥，都挺过去，都平平安安，没啥事儿，就好了！”

告别，我和博峰上车，下一个单位，第二油矿。

（崔英春｜大庆油田采油三厂）

清疏战线上的坚守

与往年不同，2020年的除夕，山东济南城肥清运管理二处的职工俞耀泽没有陪伴远在安徽老家的父母吃年夜饭，也没有像大多数人一样选择宅在家里，而是选择了在清疏一线值班。

春节前，了解到新冠肺炎疫情的严峻形势后，原本要回老家陪父母过年的他，毅然向党支部递交了请战书，选择坚守工作岗位，理由很简单：自己是一名共产党员，关键时刻不能当逃兵。

请求被批准后，俞耀泽没有告诉远方的父母，怕他们失望，更怕他们担心，但他相信父母一定会理解自己。

除夕，值班第一天。天还没亮，俞耀泽就来到车场，领取了防护用品后便开始对车辆装备及工具进行检查消毒，将一天的工作任务、安全注意事项等向车组人员再次传达和确认。这些都是他每次出班必须完成的准备工作。

按照网格划分，俞耀泽车组主要负责师东新村、历园新村、花园庄小区等楼房化粪池的清疏工作，点多、面广、区域相对分散，加之春节来临，时间紧、工作量大，车组除了完成每天对网格区域的巡查外，还要承担其他急办件任务，用一句话来说就是：哪里有需要，就赶到哪里。

历下区师东新村小区是一处开放式老旧小区，道路狭窄、人员密集、管道年久失修，很容易发生堵塞外溢情况。作为典型的老大难小区，平时每隔一两天就要巡查一次，做到早发现、早处理，既节省很多中间环节，又提高处置效率。1 月 29 日，俞耀泽例行巡查到 6 号楼时，发现检查井水位有异常。为了确保万无一失，他马上招呼车组同事对管道逐一排查。很快，找到了问题的根源，随即用 PVC 管进行疏通，再用抽车对管道垃圾进行彻底清除，不到半个小时就将问题解决了。

在结束师东新村的任务后，俞耀泽还没来得及赶往下一区域，便接到历下清疏大队值班室电话：花园路 242 号花园新居 3 号楼发生污水外溢，要求马上处理。

放下电话，车组掉头赶往现场。刚进小区，就看见几位老人站在单元门口，地上污水横流，隔着口罩都能闻到一股夹杂着消毒水的臭味。俞耀泽向老人询问情况和现场排查后，很快判定此处为化粪池进水口堵塞导致外溢。由于检查井之间距离太远，只能先用抽车对污水管道反复疏通，最后对化粪池进行清疏。

经过近 3 个小时的忙碌，管道终于疏通，外溢问题解决了。随后，俞耀泽和车组同事又把地面污物打扫干净。“谢谢，谢谢了，这大过年的给你们添麻烦了！快到屋里洗洗手吧！”当几位老人看到畅通的管道和干净的地面时，感动地说。并拿出过年准备的糖果招待他们。

俞耀泽婉谢了老人的好意，并把“便民服务卡”交到老人手中，

“春节期间再出现问题可以随时打电话。”

随后，俞耀泽带领车组赶往废弃物处理中心进行处理。而此时早已过了午饭时间，车组决定，先填饱肚子，下午继续战斗。

两天后，两封来自花园路 242 号的居民表扬信寄到了济南市城肥清运管理二处历下清疏大队，内容都是感谢俞耀泽车组不畏疫情，及时热情解决居民生活困难。

（匡昭 | 山东省济南市城管局）

一起上抗疫战场

2 月 3 日，江苏省无锡市第五人民医院抗击新冠肺炎一线，全副武装的 90 后护士唐超慧，已在这里连续奋战了 10 天。

负压病房内的唐超慧每天要穿三层防护服、戴两层口罩、两个帽子、两副手套，以及眼罩、面罩，在工作 6 个小时内不能吃饭、喝水。防护服是全密闭的，穿上后不到两个小时，她全身就湿透了。扣紧的面罩在她脸上勒出深深的印痕，甚至皮肤都磨破了。

唐超慧是无锡市第五人民医院重症医学感染科的一名护士，曾获院护理综合技能竞赛二等奖，专业素养过硬。此次疫情发生后，她所在的医院负责接收新冠肺炎患者入住，院党委及时组建了由党员担任骨干的 4 支上一线梯队。唐超慧主动申请加入第一梯队，站到抗疫的第一线，并第一个接待了送至医院的确诊病人。1 月 27 日，医院临床第一党支部召开党员大会，批准她在战疫一线光荣入党。

就在唐超慧奋战在病房的时候，她的丈夫胡敏杰作为无锡市新吴区江溪街道春城家园社区的一名工作者，正忙着挨家挨户排查和讲解疫情防控注意事项。胡敏杰跟妻子已经10天没见面了，每天只能等妻子有空的时候通个短短的视频电话。

在无锡市新吴区，像唐超慧、胡敏杰夫妇这样齐上疫情防控战场的“党员之家”不在少数。他们中有的是上阵父子兵，也有的是母女俩在一个战壕里并肩作战。

江溪街道万裕苑第一社区党员吴宏建、吴军是父子俩，父亲吴宏建1994年入党，儿子吴军2006年入党，父子俩主动加入抗击新冠病毒“立体网格”参与社区疫情防控工作。鸿山街道鸿声社区卫生服务中心邹红与女儿邹沁翌同是医务工作者，母女俩又都是党员，这个春节假期母女俩一起参加疫情防控工作，在一个战壕里抗疫。新安街道00后双胞胎姐妹花沈繁星、沈皓月都在苏州大学念大二，也都是入党积极分子，在党员妈妈的影响下，1月28日，她俩主动报名成为省道S230卡口疫情防控的志愿者。

面对疫情侵袭，新吴区全区1500多个基层党组织启动“红色动员令”，1万多名党员纷纷冲在前，把一面面党旗插到了抗疫第一线，把病毒挡在身前，把安全和健康留给群众。

（戚善成｜江苏省无锡市新吴区总工会）

抗疫记

“你中午回家的时候顺路带点青菜吧，我这里还要进行第二次摸排，中午就不回去了！”

没等电话那头的妻子回答，今年 57 岁的重庆奉节县税务局鱼复税务所工作人员杨松便挂断电话，重新拿起社区发给他的重点人员明细和小区居民通联信息，继续对彩云街的防控重点人员进行第二次排查。

由于疫情防控形势严峻，奉节县税务局第一时间成立了党员先锋队，全局除了值班值守、居家观察和外地因交通管制未返回的人员外，153 名税务人员加入了抗疫一线，占在岗总人数九成以上。

明月社区彩云街 16 号是奉节城区最北、人员构成比较复杂的老式社区，以留守老人为主。地理位置偏僻，加上小区居民对疫情防控不够重视，杨松刚接手时，工作开展起来十分困难。在奉节县税务局永安税务所工作的妻子王晓燕，也参与了明月社区的疫情防控工作，负责外来人口密集的西江小区二单元。

夫妇俩按照局里防控工作安排，初三结束了休假，初五进入社区开展疫情防控工作。因为两人都在外，家里没人做饭，夫妇俩中午饿了就吃泡面充饥，晚上超市基本上没啥新鲜蔬菜，回到家就随便对付一口。

奉节县夔门街道辖区广、人口多，加上辖区内已有两例确诊病例，防疫形势紧张，县里抽调了400余人进驻开展工作，奉节县税务局人事教育科的杨光清也是其中之一。

政府加强了县内交通管制，所有渡船和公共汽车都已停运。而杨光清的家距离分配的小区隔着一条草堂河，河面宽几百米。为了节省时间，这名年近六旬的老党员向邻居借来一条打鱼用的筏子，每天天没亮就带上干粮，划着筏子到河对岸，再沿着公路步行约7公里到达所分配的小区。

在疫情防控的战线上，奉节县税务人身着制服，臂戴袖章，跟社区工作人员一起排查、登记、守楼、劝导。其中，一位女士显得格外特殊，她并非税务局人员，却每天准时到岗，认真完成社区交付的任务。她就是李君鉴，现在退休在家，是奉节县税务局永安税务所董鹏辉的妻子，被大家亲切地称呼为“税务嫂子”。

大年初五，按照安排，董鹏辉要参加对所住楼栋共计30层住户的全面排查工作。可当天董鹏辉支气管扩张的老毛病犯了，早上洗脸的毛巾都没力气拧干。李君鉴不忍看到丈夫带病上阵，便夹上登记表就出了门。就这样，李君鉴一直在社区做“编外”志愿者，完成了5次楼栋摸排，劝返过20人次进出人员。

虽然不是税务局职工，但作为家属，能为疫情防控做点事，李君鉴心里感到非常开心。

（国家税务总局奉节县税务局）

深夜出击

即使已经入春，但这里夜晚的温度依然接近零下二十摄氏度。凌晨12时，夜幕下的城市格外宁静，内蒙古呼和浩特铁路局集团包头供电段南园接触网工区却灯火通明。

工长宋杰正在组织“青年突击队”的队员们召开工前预想会。

当地接连报道出的确诊感染新冠肺炎的病例就在宋杰所在工区管辖的区段内时，作为工长和一名共产党员，本应轮休的他主动请缨在工区继续值班。“现在疫情这么严重，就别让弟兄们再进来了。”他的这一举动让工区其他工友内心深受触动，纷纷要求留下来，以请愿书、请战书表明“不惧危险，不计报酬”的劲头。就这样，一支“青年突击队”成立了。这支队伍里大多数为90后，他们入路工作时间都不长，最年轻的工作还不满一年。

凌晨1时，工区的院子里变得喧闹起来，几十斤重的梯车零部件、接触网吊弦、地线杆、五轮直弯器等工具被相继抬上了工程车。寂静的夜晚被有力的答到声和急促的汽车引擎发动声打破。

宋杰一声“出发”，工程车载着14名队员驶向京包客专510公里34米处。

因为是客运专线，再加上去年年底京包高铁的开通，白天列车通过频繁，只有在晚上才能见缝插针地作业。虽然只能等到凌晨以后开动，但队员们从下午就要开始做准备工作：制定人员分工，开具工作票，准备材料等。

凌晨2时许，“青年突击队”的队员们到达指定作业地点后，将所携带的工具和材料搬下车，开始对其进行入网围栏前的最后一次清点。夜幕下，他们的头灯和闪烁的肩灯点缀着一望无际的荒地与夜空。

“宋杰收到请回复！”对讲机那边传来驻站联络员的声音，通知停电作业命令已下达，允许进入网围栏。120分钟的“天窗”作业开始了。

别看突击队只有14人，却囊括了行车防护组、地线组、测量组、车梯组、高空组，队伍虽小，能量却大。短暂的120分钟里，他们要完成对40多个接触网支柱上近百处供电设备的检查维修，简称“克缺”。

低温下设备的拉出值和导高都会发生变化，会偏离标准值甚至达到限界值，从而导致接触网悬挂等设备功能无法实现，影响供电安全。接触网工要做的就是发现并处理这些隐患和缺陷，确保接触网设备正常运行。高空组的达莱和李雨依是检修的中坚力量，为了能够身手敏捷，提高工作效率，他们果断脱掉棉袄，穿着单衣，踩在只有拇指粗细的接触线和承力索上，借助安全带闪躲腾挪，在车梯和支柱间来回“飞舞”。力矩扳手紧固螺丝的“嘎吱”声和测量仪工作时的“嘀嘀”声在寂静的线路上显得格外动听。

凌晨4时，对讲机里传达了下道命令，手脚早已冻僵的队员们不敢怠慢，迅速收拾好作业工具和材料后撤离到网围栏外，并再次逐一清点，确保无遗漏。

此次作业并没有结束，直到队员们在网围栏外观察了两趟列车安全通过后，才放心地坐上工程车踏上返回的路。

回去的路上，队员们伴随着颠簸渐渐睡熟了。宋杰想了很多，自己作为接触网工不能像广大医务工作者一样奋斗在一线，但是绝不能拖后腿，要做好属于自己的这份工作，确保装载着防疫物资的列车能安全通过。

很多网友说疫情过后一定要去武大看樱花，对于这些接触网工们来说，也许并没有时间去，但我想相比欣赏美丽的樱花，他们更想看到的是载着疫情退散后喜笑颜开的旅客的列车安全飞驰在线路上！

（徐沛文 | 中国铁路呼和浩特局集团有限公司包头供电段）

社区一日

2月4日，农历正月十一，立春。气温 –22℃～ –11℃。

上午8时30分，在家吃完早饭，我开车来到沈阳浑河站东街道，看有没有需要我带给社区的防疫物资，和我一组的街道工作人员告诉我："社区现在最需要的是口罩，你给社区带点消毒液和条幅吧。"拿上这些，我驱车赶往浑河堡社区。路上很空旷，原来最容易堵车的地方，现在也是畅通无阻。

9时，在浑河堡社区，社工们都在忙碌地打着电话，声音此起彼伏，每个人都在耐心地询问、解答。从浑河堡社区出来，我驱车来到爱家郦都小区。这里有一位喜欢捡纸盒破烂的老大爷，即使在这个疫情防控的关键时刻也不停歇，捡回来的破烂就放在一楼大厅里，这让同楼居民很是反感，打电话向我们举报。我们立刻跑去大爷家，和他讲现在是关键时期，不要再出门了，要好好在家里休息。大爷很爽快地答应了。

11时，从爱家郦都小区出来，我们直奔名流公馆小区，迎面走来一位居民，没戴口罩，"大爷您好，为了您和他人的安全，出门一定得戴好口罩啊！”“好！好！”大爷不好意思地从口袋里掏出口罩戴上了。还好，兜里揣着口罩。我能感受到，随着疫情发展，居民防护意识越来越强了，从一开始不习惯戴口罩到现在不戴口罩不习惯。有个别不爱戴口罩的人，也很乐意接受我们的提示。

“居民朋友们，现在是疫情防控时期，请勤洗手、多通风、戴口罩……”进入到小区，我们打开大喇叭。由于天太冷，大喇叭时而发不出声，我们便用手捂在装电池的地方。就这样，在凛冽刺骨的寒风里，我们绕小区的每一个角落都走了两遍。其间，遇见一位居民拿着喷壶正要去物业要消毒液，于是我们给他倒了一部分。

11 时 30 分，我来到小区物业服务中心，小区的物业非常配合社区工作，早早就为我们提供了业主名册、电话，对小区的封闭管理、消杀工作也很到位。小区里有一位养鸽子的居民，大家意见很大，于是我和物业沟通：不能处理鸽子，那就每天去他家喷杀消毒，我们提供消杀用品。

13 时，去万家益康养老中心附近的街路挂条幅。今天大概是这个冬天最冷的一天，即使我们都戴着防护口罩，风依然把脸吹得生疼，同时把条幅刮得呼啦呼啦响，很难挂住，不得不在条幅上剪很多洞，以免兜风。往树上挂的时候，手更是僵得猫咬一般，费了九牛二虎之力，终于挂上了条幅。

13 时 30 分，我和社工们一起给辖区居民打电话，排查外省回沈人员情况。一个一个电话不停地拨了出去。“你们社区人员真是太辛苦了，特别感谢你们，一定要注意安全呀……”每当听到这样的话，我心里都暖暖的，在这场疫情防控战中，心理防疫也是很重要的一关，我们用自己的真诚感动居民，同样我们也需要被居民理解，需要被温暖。

18 时，天色已晚，拖着疲惫的身体回到家中，喷杀消毒、洗手。

我是一名普通的工会工作者，我们单位在这次疫情防控中，行动迅速，而我也深入社区，协助社区工作者做好疫情防控工作。我知道，明天这场没有硝烟的战斗还将继续。我期盼，胜利早日到来！

（付洪敏 | 辽宁省沈阳市高新区浑南区总工会）

一名工作人员正在进行街道消毒　　杨登峰 / 摄

温暖的身影

“开饭喽，今天给大家蒸了包子！”2月7日中午，中原油田供热管理处河北项目部西区运维队的队长邓建勇在微信群里喊道。

“建勇，你这手艺可以啊，都比得上厨师了。”项目部员工老李捧着热气腾腾的包子边吃边夸赞。春节前，项目部食堂厨师李师傅赶回老家过年，按照疫情防控期间相关规定，无法按时返回驻地。因此，邓建勇和一样有着军旅生涯的王春成一起主动承担起做饭任务，每天处理完站内生产运行、维修管理等工作后，食堂就成了他们的另一个工作点。曾经在部队当过炊事员的邓建勇，对烹饪“大锅饭”手到擒来，娴熟的刀工，精准的配料，每天都能让同事吃上可口的饭菜，他最拿手的西北面食更是让大家纷纷点赞。

“李班长，20只N95口罩给你们送过来了，还有体温计、手套和消毒水。今天给你们带了些排骨、丸子，还有熟食……”2月2日上午9时，中原油田供热管理处内蒙古项目部鄂尔多斯乌审旗图克镇中天合创化工分公司HSE管理员许毅冒着零下十几摄氏度的寒气来到图克公寓站，为值班人员送来疫情防护用品和热腾腾的饭菜。

“老许，快进屋暖和一下，你可真准时，每天都为我们送温暖，太暖心了！”该站点值班人员李健看到许毅骑车过来，连忙出门迎接。

“不进去了，还有其他站点等着呢。”疫情初始，许毅便主动承担起了所有站点每天的消杀、测体温等工作，还要为两个站点送防控物资和饭菜。患有风湿多年的许毅每次做完这些工作回到宿舍时，都会用手不停地揉搓膝盖，隔壁宿舍的小张每次看到就会劝他：“许师傅，老毛病又犯了吧，不行您就休息一下吧。”

“没啥事，这毛病多少年了，揉揉就好了。”

“您好，请问您是哪个单位的，按照上级关于门禁的管理规定，来访人员必须测量体温并登记。”2 月 8 日，中原油田供热管理处普光项目部青年党员康本松在项目部机关楼下当值，看到有人来访。

“我戴着口罩呢，就过来找个人。”来访人员不屑一顾地说完就往里走。“不行，不管是谁，不按规定，坚决不能进！”康本松一把拦住并大声喝道。项目部党支部书记耿向华听到了争执声，连忙下楼查看。

“耿书记，今天向你们提出表扬，门禁管理非常到位，小伙子尽职尽责。”普光天然气净化厂公用工程车间主任剑修亮拍着康本松的肩膀说道。该项目部员工人数多，工作地点分布较散，考虑到很多员工工作期间不能及时查看上级部门下发的各项文件和最新疫情防控动态，康本松就带上资料，挨个宿舍、挨个场站为大家传达。手机上每天近 3 万步的行走距离，更是证明着他对打赢此次防疫攻坚战的决心和信心。

（卢海洋　李丽燕　郭秀玲 | 中国石化中原油田）

潮水退去，创伤刚刚开始

在发生过战争、地震、火灾等创伤性事件后，心理干预往往作为不可缺少的一环为当事人提供救助。在这次新冠肺炎疫情防控中，与病毒给人们身体造成的直接伤害相比，心理层面的问题显得更为隐蔽，但却同样不可忽视。一项由专业医师进行的关于全国新冠肺炎患者心理压力的调查结果显示，约有 35% 的受访者遭受心理困扰，出现明显的情绪应激反应。

在这场重大突发公共卫生危机中，心理救助是个不容轻视的命题。

| 英雄也哭泣 |

美籍华人李廷晔是最早志愿参与中国疫情救助的心理咨询师之一。疫情发生后，她与北美的其他心理咨询师、精神科医生、心理医生和社会工作者在大年三十成立了一个危机心理干预志愿小组，很快与武汉一线的医护人员建立了联系。

李廷晔的第一个来访者是一位有着十几年临床经验的副主任医师。

这位医生最早一批顶在一线，由于那时的防护物资紧缺，医护人员每天不得不直接暴露于患者面前。面对着狭小的诊室和大批患者，高度紧绷的工作让他陷入无力与恐慌的情绪中。他一度听不了电视里面的歌声，时而被无端惊吓，认为空气中处处都弥漫着病毒。

在与李廷晔数小时的语音通话里，这位医生数次崩溃，激动的时候泪流满面，愤怒的时候歇斯底里。他说："我生活习惯良好，更不会去吃野味。但因为职业的原因，却不得不去面对最可怕的病毒，凭什么？"

大段的诉说，换来的常常是一段沉默。在通话的大部分时间里，李廷晔只是静静地聆听，在合适的时候对咨询者进行一些开导。那次通话一直延续到天色放亮，医生的情绪才渐趋平稳。李廷晔后来又与这位医生进行了一次通话，帮助他平稳渡过了情绪恐慌期。

不过，也有一些医护人员的心理问题并不能这么顺利地解决，主要原因在于他们不愿意开口向心理咨询师求助。

李廷晔曾在援助的微信群里发现一位情绪明显不对劲的医护人员，她私下加了这个女孩的微信，虽然好友请求通过了，但女孩却从没有主动和她说过话。在李廷晔的询问下，女孩答复了几句，大意是说：我每天所经历的这些，就算说了你也不会懂。

李廷晔认为，女孩这样的想法很具代表性，它一方面反映了国人的传统理念，认为心理问题是一种羞于启齿的疾病，另一方面则传递出一种医护人员"被英雄化"的危险信号。事实上，无论是恐惧，还是愤怒，这些都是人正常的情绪。而外界施加给医护人员的压力却让他们难以释放心中的情绪负担，他们只能独自躲在角落哭泣。一线医护工作者中产生这样心理的占有相当高的比例，工作环境的高危性导致了他们的

安徽省阜阳市惠泉社区开设疫情防控心理咨询室

群体焦虑。

针对医护人员的心理健康问题，全国各地派出了精神卫生专业人员前往湖北，为医护人员提供专业的心理咨询和危机干预服务。并专门为医务人员开通援助热线，开设网络心理服务平台，24 小时为医护人员提供心理服务，以减轻他们的精神负担。

| 被放大的恐慌 |

随着疫情的发展，参与心理干预的志愿者们接到的求助电话中，有了越来越多的武汉普通市民。

心理学教授、“微光行动”督导朱浩亮介绍，本次抗疫公益心理援助的来访者有阶段性的分布差异。早期的来访者以医护人员和隔离对象为主，但从 2 月 3 日开始，受疫情影响的大众来访者突然增多，这是由于多日“禁足”，大众的恐慌、烦躁、焦虑等情绪被激发，会出现过度关注躯体反应，以及频繁测量体温、频繁喝水等行为。

武汉宣布封城当日，位于杭州的壹点灵心理服务平台（以下简称“壹点灵”）启动了抗疫公益心理援助项目——“微光行动”。项目启动首日就接到了 100 多个求助电话，截至 3 月 20 日，“微光行动”已累计服务 37818 次，累计服务时长 18802 个小时。

朱浩亮曾经接到过一位武汉火锅店老板打来的电话，这位老板在疫情正式公布前和朋友聚过餐，随着武汉封城和疫情人传人的案例越来越多，他开始怀疑自己也染上了病毒。他有意将种种细微的身体状况放大，然后跟新闻里描述的“新冠症状”一一对应，怀疑自己随时可能离开人世。

“面对这样的来访者，我们首先要从生理上确定他到底有没有发烧发热，然后再解决他的心理问题。”朱浩亮介绍，疫情防控中，能够打来电话求助的人，大部分都是平时心理健康水平良好的人。只是此次疫情引发了他们的应激反应，一时间没有办法有效地调节，通过咨询师的指导，基本能够比较快地恢复正常。

依据疫情防控期间接受公益心理援助的 1275 位来访者的信息和回收的 15793 份《疫情相关行为风险自查》报告，“壹点灵”在 2 月 26 日推出了一份《新冠疫情之下大众心理及行为的洞察报告》，其中指出，有 90.51% 的来访者是首次接受心理咨询，其中情绪压力是主要的咨询诉求。

随着居家隔离时间的不断拉长，更多由疫情牵连的潜在问题开始显露。

北京市总工会的咨询师就曾接到过这样一通来电，对方是一位中年男子，比起病毒的危险性，他更担心的是一家人的生存问题。由于单位延迟上班，工资只能拿到底薪，而房贷车贷的还款日期却越来越近，这些压力让他一筹莫展，甚至一度失眠。

北京市总工会在疫情发生后，第一时间开通了24小时职工心理援助热线，项目负责人周娜介绍，在目前接听的280通电话中，90%以上的求助电话都是因为居家隔离时间增长而引发的焦虑和矛盾，如夫妻关系、亲子关系紧张，复工复产无望等。

诸多因疫情连带出的“次生问题”借由一通通电话，寻找着合适的诉说通道。在生命中的灰暗时刻，大地上空盘桓交错的电磁波担当起了传递理解和希望的使者。

| 哀伤还在持续 |

由于武汉疫情逐步向好，援鄂的医护人员开始分批撤离。但驻武汉市心理救援专家工作队副组长西英俊，要比其他医护人员更晚撤离，直到4月6日才返回北京。

“滞留”武汉的原因在于，他和团队要以社区为单位，对病亡者家属、康复患者及其家属以及康复人员所在的社区民众进行重点帮扶。

由于疫情的高传染性，大部分病亡者的家属都没能送其最后一程就匆匆作别，而这可能会成为相当一部分人的心结，并对他们造成持续性创伤，西英俊关注到已经有两个孩子出现了异常行为。由于他们的亲人在疫情中全部感染，母亲因照顾其他家人，错过了最佳治疗时

西英俊与队友在武汉实地调研

机，不幸去世。年龄稍大一点的那个孩子已经表现得有些木讷、敏感。如西英俊所说，这两个孩子是典型的需要哀伤干预的对象，不仅要从家庭的角度，还要从学校的角度对其做长期的康复工作。

对于病亡者家属的干预仅靠心理医生是无法完成的，还需要社区、政府等多方力量介入，否则很容易给援助对象带来二次伤害。目前，西英俊和团队已经根据社区人员掌握的病亡者家属情况，制定了相应的个体化干预方案；对于病亡者家属未能完成的哀悼环节，则需要政府采取一些措施来帮助民众完成最后的告别仪式。

虽然人们已经扛过了最艰难的抗疫时刻，但漫长的灾后心理重建过程仍然需要加以重视。汶川地震后，中科院心理所对绵阳地区不同中小学的6000余名学生调查显示，灾后半年PTSD（创伤后应激障碍）人群达12.7%～22.1%，明显抑郁症状者达13.2%～21.5%，明显焦虑症状者达20.2%～29.9%。灾后一年再度调查，PTSD筛查阳性人群仍高达13.4%，焦虑人群达22.7%，抑郁人群达16.1%。

西英俊认为，对比汶川地震时的心理救助，武汉疫情的心理援助还有很长的路要走。与地震造成的短时伤害相比，此次疫情产生的灾难是持续性的，它破坏了人与人之间的信任感和安全感，让人产生了持续的焦虑和紧张，而这意味着更长时间的心理疏导和重建。

潮水退去，暗礁浮露。当人们终于挺过了剧烈的生死离别以及漫长的苦苦等待，藏在内心深处的疤痕仍会隐隐作痛。伤口的愈合需要过程，残酷的记忆需要时间稀释，远方的平静更需要借助意志力去抵达。

踏出深渊，既是艰难的告别也是沉重的承诺。在那一步真正踏出之前，让我们保持那份最克制的体谅。

第四编

全力以“复”

质量在我手中
安全在我心中

复工路上的殇与歌

复工路上，不尽平坦。

三名浮沉于庞大复工潮的平凡小人物，在各不相同的生活困境之下，映照出一副普通劳动者的生存面貌。他们忧心忡忡，却也满怀希望。他们是另一种意义上的常胜将军，因为他们相信——被击倒后，总会再次站起来。

| 流浪北京 |

见到刘佳的时候，他正站在垃圾桶边吃一块甘蔗，那是他翻遍垃圾桶能找到的唯一水果，也是他当天第一顿真正意义上的“饭”。这是他回到北京自我隔离的第四天，由于没有固定居所，他将流落在大桥、街头、车站，完成自己的 14 天隔离。

这样的流浪生活刘佳并不感到陌生。从 5 岁开始，刘佳便在街头锻炼出了一套求生的本领，不过让他没想到的是，这次疫情让他彻底陷落为流浪汉。他后悔自己在春节前做了那个有欠考虑的选择——辞掉了在

长沙，外卖骑手上岗前测量体温，并做好记录

厦门民宿收银的工作，如今失业两个多月的状况是他始料未及的。失去工作就像被抽掉了赖以生存的根基，为此刘佳开始流浪。

3 月 1 日，刘佳从厦门回到北京。这趟回北京的旅程，一个多月前他就开始计划。但是，1 月 23 日武汉发布的“封城”公告打乱了他的阵脚。

辞职之前，刘佳已经对新冠肺炎病毒有所耳闻，不过他以为这场疫情只是在武汉小范围传播，波及不到自己身上。在准备回北京之前，他去了福州旅游，那时已临近春节。虽然有关新冠肺炎的报道他看到了，但他仍觉得，“再怎么样都能回到北京安定下来”。

直到武汉封城的消息发布出来，刘佳这才真正意识到这场疫情的凶猛。他退掉了回北京的车票，准备在厦门找一份民宿的工作过渡。然而，受疫情冲击，大部分民宿停业，尚未关门的店铺也经营惨淡，根本不需要人手，他只能在一家旅馆先安顿下来等待时机。

滞留厦门的一个多月，刘佳始终没有找到工作，身上的存款却大半用在了住宿费上，他决定启程回北京碰碰运气。到北京之后，他得到了一份北京公交集团保安的工作，但是按照规定，刘佳必须先自行隔离 14 天才能正式上岗。对于几近身无分文的他来说，顺利度过这 14 天是一个艰巨的挑战。要知道，刘佳甚至拿不出吃饭的钱，更没有固定住所。

为了换取食物，刘佳把手机暂时押在刚面试上的公司。他实在是太饿了，因为一直在路上奔波，已经好几天没有吃过正经饭。寻找食物成为刘佳每日流浪生活的主要任务，其余时间他多是在车站、公园的躺椅上用睡觉打发过去。他会固定去一家水果店门口找烂掉的水果吃，因为水果带皮，吃得比较安心。疫情防控期间，他不敢捡饭店的剩饭剩菜，实在找不到东西吃的时候，刘佳就会在公共卫生间拧开水龙头喝个水饱。过往的经验告诉他：“只要身体里有水分，就能坚持下去。”

但刘佳的胃无法支撑这样匮乏单一的食物来源，隔离到第三天的时候，他走到一家店铺向老板要了一个包子吃，老板给了他。到第二家店铺却没有这么顺利，老板看了看他，指着旁边的垃圾桶说：“去那里找找。”

“人在绝望的时候，是会做出一些丢失尊严的举动的。”刘佳说，对于现在这种遭遇，他并没有太多抱怨，反而呈现出经验主义式的乐观。毕竟，对刘佳来说，已经有过十多年的流浪生活经历，更何况是这十几天。

刘佳熟悉北京的每一条街道，他在这座城市度过了人生的前 18 年。因为没有亲人，他靠着在街头卖报纸和好心人的救济活了下来。在刘佳的内心深处，他已经把北京默认为自己的故乡，春节在北京过是他多年来的习惯。18 岁那年，他去公安局办了第一张身份证，知道了自己叫什么，来自哪里。也是从那时候开始，刘佳决心改变流浪的生活状态。

他去图书馆自学，认识了拼音和汉字，知道了爱迪生和达尔文；他去各种地方打工，当过保安、服务员、维修工、厨师，学会了不少生存技能，终于成了靠着自己劳动赚钱的普通人。虽然他的生活依旧清贫，但最重要的是不用再流浪街头了。

因为这次始料未及的疫情，这个 32 岁的中年男人又变成了流浪汉，命运仿佛向他开了一个玩笑。他回到再熟悉不过的北京，却再次成为街头的一个无名之辈，一切似乎又回到了原点。

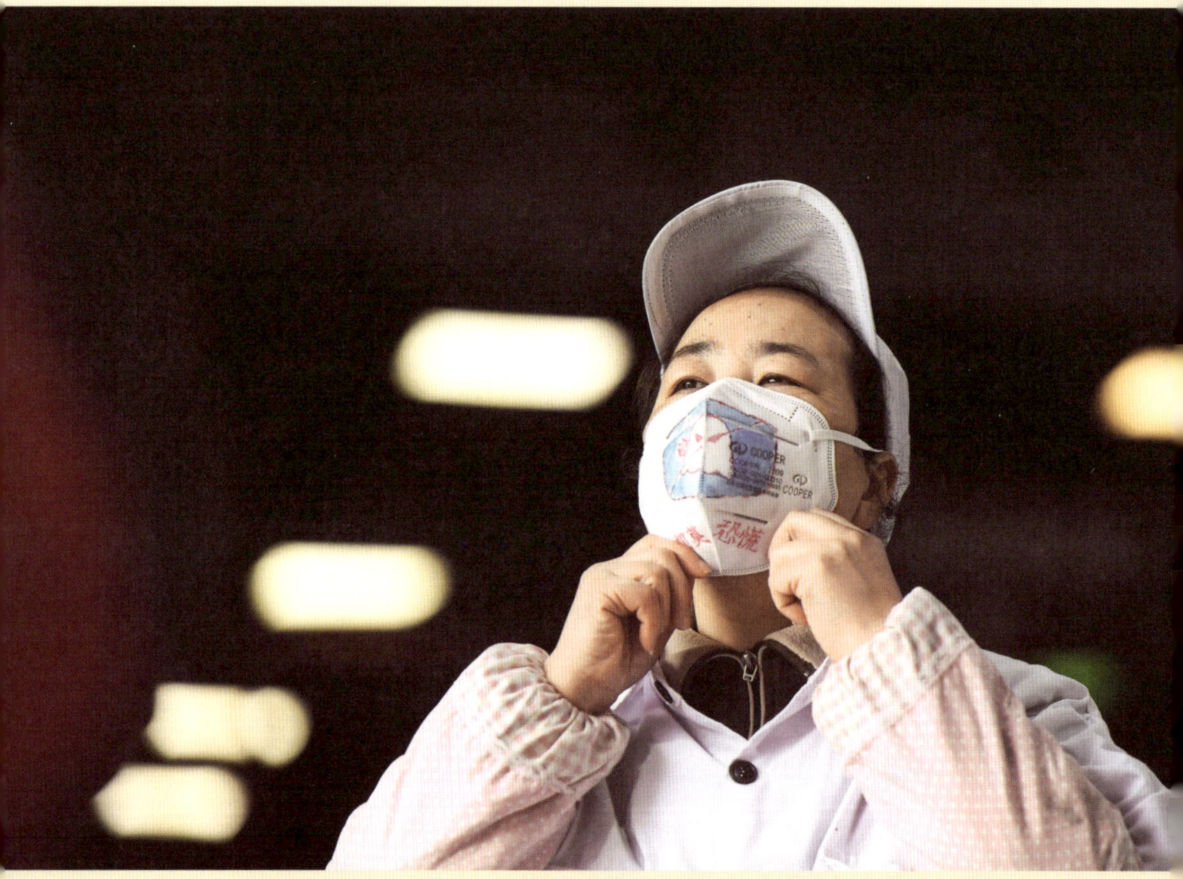

重庆市民张宗富利用自己的手绘才艺，在 16 个口罩上绘制了各种防疫漫画并送给同事，缓解大家的紧张心情

不过，十几年的磨砺已经将他锻造为一个能自食其力的人。刘佳相信这 14 天的流浪是暂时的，他说：“等隔离期过了，我就能重新站起来了。”

4 月 1 日，愚人节这天，刘佳如期上岗，成为北京市的一名保安。

| 暂时外卖员 |

于刘佳而言，14 天隔离期是暂时的流浪，于另外一些待业者而言，有些工作也许从一开始，就注定被打上了“暂时”的印记。

疫情之下，各个行业遭受不同程度的冲击，以月为单位的延迟复工让有些本不宽裕的劳动者陷入生活的窘困。他们等不及正式复工，便开始自谋生路。一时间，门槛低、易上手的外卖员成为众多待业者的首要选择。健身教练、导游、销售员、厨师……各种各样的人加入外卖大军里，他们匆忙地奔驰在城市的大小街道。

吴海军就是新入行的一名外卖员。他在第一天正式上岗前，将手机摄相头对准自己的白色摩托车身，然后镜头缓缓移动到后座那个标志性的外卖送餐箱，接着镜头又对准了他自己：身穿黄色工作服，头戴安全帽，当然还有那不可缺少的口罩。他把这些视频片段作为一种特殊的记录，留在了自己的快手作品里。

点进吴海军的快手个人主页，一个个紧密排列起来的视频作品共同展示着这个 30 岁男人的生活一角。就在不久前录制的视频里，他还穿着厨师服，顶着高高的厨师帽。那时，他还是一位站在火灶旁的厨师，然而现在，他却不得不暂时踏上另一条谋生之路。

“没有以前的喧哗和热闹了，但生活还要继续。”吴海军曾经这样

四川省达州市开江县城，一位外卖小哥正在为市民投递生活用品

写道。原本，大年初四他就要返回宁夏银川的饭店复工，但目前只能继续留在老家平罗县，等待通知。对于这个刚刚迈入而立之年的男人来说，没有收入来源的等待是煎熬的。还房贷、照顾孩子、日常开支，生活就像一场不能停歇下来的接力跑，他必须努力为生活拼抢出另一种可能性。

3月9日，吴海军填写完入职申请表，开始熟悉外卖员的接餐、送餐流程。一天之后，他正式加入送外卖的大军。每天上班前，吴海军和其他外卖员都要在测量体温、填写安心卡之后才能正常上线接单，以控制病毒传染的风险。

工作至今已有半个月的时间，吴海军有了一些特殊的体会，他认识到时间在这份工作中的重要性。其最直接的表现是送餐超时被差评，因为那会在工资里直接被扣掉200元，而这是他送两天外卖才能挣到手的收入。一名合格的外卖骑手，要在时间和所得利益间作出最佳配比，这需要经验积累和一定的计算能力。

从刚开始的接一单送一单，到现在能同时接送两三单，吴海军在逐渐适应这份工作的游戏法则。不过，他仍然打心底里认为送外卖是一份危险的工作。吴海军所说的危险很具体，它是指生命安全。

在送外卖的短短十几天时间里，他已经遭遇过一次翻车事故。那是在一次送餐途中，一位老大爷开着电动车冲他逆行而来，吴海军的摩托车在拐弯途中没能来得及避让，导致摩托车带人滑出去十几米远。从地上爬起来后，他的上衣和裤子均被磨破，皮肤还出现了擦伤。他把还没送出去的餐食交给其他骑手，并提前结束了这一天的工作。回头看那位肇事者，却早已扬长而去，不见了踪影。

“在服务业总是能遇到各种各样的事情，我有这个心理准备。”吴海军此前已经在餐饮业摸爬滚打了 15 年，形形色色的人和事见识了很多，他不再轻易地被打击，生活教会他忍耐和刻苦。和其他骑手一样，他也曾经遇到过客户的刁难和指责。因为商家出餐时间过长，导致他送餐有所延误，无论是客户的埋怨、挑错还是斥责，他都在电话这头客气地吸收掉。此外，他还在心里酝酿着一套道歉的说辞以当面向客户解释。他不能让客户投诉，200 块钱不能这样轻易失去。

做厨师的时候，吴海军一个月有 6000 元左右的收入，在当地算得上中等水平。暂时转行送外卖后，收入多少则直接取决于每天的送单数量。作为一名新手，成功完成一单能拿到 2.5 元。现在，吴海军一天能送出去三四十单左右，除去摩托车每天加油费用和其他日常开支，一天下来的纯收入已经所剩不多。

送外卖并不是一份划算的工作，吴海军也清楚这点。抱着“能挣一点是一点”的想法，他还是想尽可能地抓住一切挣钱的机会，即便是一份暂时的工作。与他抱有相同想法的人不在少数，尤其是在有了家庭和孩子的情况下，他们的最低目标是维系一家人的生活。

疫情暴发至今已经两个月有余，随着国内形势慢慢好转，吴海军之前工作的饭店正在筹备重新开张。不久之后，他就要结束这份暂时的外卖员工作，回到他熟悉的灶火旁，继续在厨师的岗位上为生活打拼。

吴海军说，他计划从饭店积累够经验后，自己开餐馆创业。他作了详细的调研和菜品研发，准备把餐馆经营成加盟店的模式，然后在宁夏各个地市铺开。

虽然疫情还未完全过去，但吴海军的思绪已经不由自主地飘向了更远的未来，毕竟未来总是更值得期待。

走在“失业”边缘

外贸工人蒋开玲则把对未来的期望写进了视频里，在他录制的一段抖音视频里，一句红色加粗的字体浮在画面上方：明天会更好。事实上，随着疫情在全球蔓延开来，蒋开玲和工友们目前主要担忧的是国外的“明天”是不是能好转，因为那直接关系着他们的生计。

3 月 28 日，中国发布了暂停持有效中国签证、居留许可的外国人入境的公告。这条消息一经公布，蒋开玲手机里的多个微信群便开始闪烁个不停，一则则外贸订单暂停出口的消息频频传来。此时，他默默地点开了手机钱包账户，余额显示为 0.32 元。

江西省吉安市，外贸订单生产线上的工人正在工作

3月2日，蒋开玲来到位于重庆的这家外贸鞋厂上岗工作，本想着终于可以告别一个多月来的拮据生活重新开始，然而仅在工作了短短数十天之后，他就不得不开始面对外贸鞋厂急转直下的变化。

从中旬开始，工厂年前开始投入生产的美国订单不断被取消，停工停产的消息不时在工友间悄悄流传着，工人们紧锁的眉头和不时的长叹无不显示着他们的忧心忡忡。担忧最终变成现实是在3月25日，这一天，美国新冠肺炎新增确诊人数首次破万例，随即，工厂宣布不再生产美国订单。这意味着大批工人不得不离开工厂，另寻出路。

幸运的是，出口到俄罗斯的皮鞋订单未受到影响，蒋开玲的工作暂时保住了，但眼看着身边的工友即将离去，原本开朗的他变得有些不安。工厂下达那则通知时，已经是当天凌晨两点，蒋开玲本以为工友们会怨声载道，却发现6条生产线上的工人依旧守在机器旁寸步不离，加紧赶制手中的最后一批皮鞋。因为他们清楚，如果不赶紧生产，手上这份订单的工钱也会随之溜走。

宁静的夜里，只剩下机器的轰鸣声，这个沉默而又不安的黑夜藏匿了太多心事。平日里经常负责活跃气氛的蒋开玲，此刻离开了车间，给即将离岗的工友们每人买了一桶泡面。随着面香味四散开来，他突然意识到，这是大家一起吃的最后一顿饭了。

少了200多人的车间显得有些空荡荡的，蒋开玲让自己打起精神适应这样的工作环境。然而，那则暂停持有效中国签证、居留许可的外国人入境的消息无疑又像一颗重磅炸弹投掷在工厂，余波遍及全厂上下。外贸工厂老板开始不断进出各大银行筹借高达数百万元的贷款，车间的工友们则想着如何转到内销生产线避免失业，而指望着4月份发工资的蒋开玲也开始降低预期。

蒋开玲身边的工友圈每天都有人被迫离岗，一些外贸工厂也开始从一周双休直接调整为停产 3 个月。面对这样严峻的形势，蒋开玲却显得格外乐观。

经历了多次失意与困顿、打击与挫折后，蒋开玲明白了那个最简单的道理：一切总会过去的。

当年还未满 18 岁的蒋开玲跟随亲戚离开重庆，远赴广东打工，凭借着手脚麻利的干劲儿，短短几年之后他就离开工厂，用积攒的钱开了家超市。但营业不久，2008 年初那场百年不遇的雪灾就终结了他的第一次创业。

年轻气盛的蒋开玲心有不甘，他倾尽所有家当贷款投资了一家按摩店，但再次被 2012 年的金融危机冲击得一蹶不振。走投无路的蒋开玲为了还债，甚至还开了 3 年摩的。入不敷出的时候，他曾连续吃了数天的泡面。也就是在那 3 年的时间里，蒋开玲成为父亲。每天载着客人穿梭在熟悉却又陌生的城市，他开始打定主意：离开奋斗 17 年之久的城市，带着家人回到重庆落叶归根。

人生际遇复杂得难以说清楚，留在他心底的只有保持乐观向上的心态。蒋开玲拥有一个几万粉丝的大号，常常在下班后开直播，和观看的工友们交流日常状况互相鼓励。他给大家讲当年在广东短时间内就从学徒工破格晋升的经历，唱几曲自己拿手的山歌活跃气氛。他把自己的业余时间都占满，暂时忘掉海外疫情的困扰。

蒋开玲有一个初回重庆时定下的目标：开一家 3D 打印鞋店，实现高效私人订制。他要为开店积累本钱，早日实现当老板的目标，掌握主动权。

现在他依旧会每天抽空发一条抖音视频，记录日常的生活，朝着“明天会更好”前进。

无论是流浪汉刘佳，还是外卖员吴海军、外贸工人蒋开玲，他们只是站立在这庞大奔波忙碌人群中的小小一员。本不稳固的生活加上突如其来的大型灾难，疫情的冲击波给他们制造了不一而足的困境。然而，或许是已经在多年的工作和生活里蹚过了太多深沟，他们在忧心之余普遍显示出了一种朴素的乐观。仿佛他们已经做好了承受打击的准备，就像此前他们为了生活反复做的那样——被击倒，然后再次站起来。

作家罗曼·罗兰曾经说过：“世界上只有一种英雄主义，那就是看清生活的真相之后依然热爱生活。”对于那些在险境中乐观向上的人，在困境中挣扎奔跑的人，在绝境中艰难求生的人，这句话应该是属于他们的最佳归宿。

为复工护航，为复产添砖

——工会“娘家人”助力在行动

在广东省肇庆市高新区爱龙威公司工作的湖北籍职工金建平，4月初离开家乡返工的第一天，刚到宿舍门口，就看到许多生活用品已经准备好了。这家公司有80多名湖北籍员工，为了促进复工复产，公司工会专门从工会经费中划拨了8万元专项资金，用于慰问和帮扶受疫情影响的职工。

近一段时期，随着各地各行业陆续复工复产，全国各级工会积极做好新冠肺炎疫情防控期间支持企业安全有序复工复产和劳动关系协调工作，维护好职工合法权益。

| 无忧返岗“快进键” |

4月，随着疫情防控形势的好转，全国各地纷纷按下了复工复产“快进键”，而帮助职工安全回到工作岗位，是第一步也是最关键的一步。为此，“点对点、一站式”的包机、包列、包车返工行动在全国各

广州市总工会为白云区生产口罩企业的员工送上慰问品

级工会助力下展开，职工省去了舟车劳顿之苦，也避免了交叉感染的风险，还能够在务工地宿舍完成隔离，省心省力，企业也得以顺利开工。

在返工大潮中，湖北籍务工人员受到更多的关注。

3 月 24 日，湖北省委常委、省总工会主席尔肯江・吐拉洪为外出返岗农民工送行。当天上午，800 余名湖北省安陆市农民工分乘 30 辆大巴专车赴深圳、东莞等地返岗复工。湖北省总工会为每名农民工发放交通补贴，安陆市总工会则免费发放防护用品和食品。返岗农民工实名登记，逐一体温检测，间隔座位乘车，车队还专门配备了跟车工作人员和医护人员。

浙江温州，当载有湖北宜昌籍务工人员的大巴抵达时，温州市总工会亮出红色条幅，上面写着“职工娘家人欢迎宜昌籍新老员工来温”。

返岗路上，既有工会欢送，也有工会迎接，这样的一送一接让职工的心更暖了。

早在 2 月 26 日，从新疆阿克苏起飞的 UQ3511 航班降落在江苏无锡硕放机场，无锡市委常委、市总工会主席陈德荣赶来迎接 135 名柯尔克孜族青年职工。

地处边境高寒地区的阿合奇县是无锡市的援疆结对县，两地工会积极搭建柯尔克孜族青年外出务工平台，充分发挥工会组织在边疆脱贫致富中的独特作用。

既要让职工顺利返岗，也要让返岗职工能够安心工作。随着企业逐步复工复产，中建二局投资公司路桥分公司女职工白杨发愁了，她和丈夫同在这家公司工作，两人都复工了，谁来照顾孩子成了难题。企业工会及时提出双职工弹性上班制，解决了大家的后顾之忧。

为了让更多职工无忧返岗，有的工会组织还依托各类站点，积极帮助职工进行孩童托管。

宁波市海曙区总工会就利用“工创家 +”系统，推出“疫期情暖，一对一作业帮扶”，还有包括科学实验课在内的各种小班制活动，甚至帮助孩子舒缓因为疫情和父母工作繁忙带来的不安情绪。

| “云上工会”用途多 |

疫情之下，经济受到的冲击显而易见，“保就业”成为头等大事。

各级工会组织积极行动，争先作为。

3 月 12 日，全国总工会正式开通了全国工会就业服务平台微信公众号“工会就业服务号”，提供海量岗位信息和用工需求。各地各级工会也积极运用网络新工具，开展促进复工复产的相关工作。

自 3 月 9 日起，上海市总工会通过“申工社”微信公众号，每天举办“‘工’‘疫’云招聘”线上专场招聘会，由市、区发布招聘岗位信息，并实现“1+16”就业服务联动。各区总工会加大招聘信息收集、发布力度，定期为市总工会提供岗位信息，同时自建或依托现有职工线上服务平台，建立集招聘信息发布、职位快捷申请等功能于一体的线上就业服务平台。

通过各类工会“云”工具，职工不仅能寻找工作机会，还能享受到各种福利和帮助。

在海南，农民工可以通过“海南工会云”App 申请报销车票，省总工会还贴心地延长了车票报销时间，支持返岗复工，并安排专项资金对全省 47 个省重点项目、重点工程务工的农民工实施交通补贴。

江西景德镇，当地工会开通“免费直通车”助农民工返岗

宁夏回族自治区总工会开通了 24 小时职工心理援助热线和“职工空中心理驿站”，聘请专业心理咨询师提供心理疏导、情绪管理等服务。

在复工复产过程中，各地工会积极配合地方政府的产业扶持措施，发挥组织优势，发放各类消费券促进服务业复工复产。

昆明市总工会开展了消费促扶贫促发展的“工惠卡”服务职工活动，开展助力复工复产“聚福利”行动和提振消费“赠福利”行动。

4 月 5 日，家住长沙市芙蓉区的周红领到消费券后，立刻采购了牛奶、洗衣液等生活用品，又用剩下的消费券与好友们“撮了一顿”。一周前，湖南省总工会、省财政厅联合下发通知，宣布把全年尚未发放的节日慰问费和省总工会的抗击病毒特别慰问费，以消费券形式提前一次

各级工会积极开展技术培训、岗位练兵和技能比武活动，助力企业复工复产

性发放给全体职工和工会会员，并在 5 月 5 日 24 时前消费完毕。

此外，各地工会借助网络新媒体展开了疫情期间的普法工作，指导帮助企业和职工处理好非常时期的劳动关系。呼和浩特市总工会在网站和微信公众号上刊登《疫情期间复工、薪酬、工时等怎么集体协商》，引导企业在疫情防控期间运用互联网就职工薪酬、调整工时、轮岗轮休等问题开展集体协商。

工会在网上组织的各类课程，也成为许多产业工人提升自己技能的好帮手。山东省临沂市罗总区总工会开办职工线上技能培训“微课堂”，推出网站试听、在线直播、教师答疑、考核测试等多样化培训方式，颇受职工欢迎。

| 关爱职工暖心间 |

“要是没有工会组织的协调和帮助，我现在已经失去了工作。”内蒙古乌兰察布市一家民营医院的护士这样说。

此前，这家民营医院因疫情出现经营困难，准备裁减部分员工。市总工会闻讯后，积极组织企业、职工进行协商，向医院主要负责人、职工准确解读疫情期间国家出台的相关政策。最终，劳资双方通过协商达成协议，企业不裁员不减员，确保了职工就业稳定。

针对陷入困境企业或行业的职工稳岗和收入问题，各地工会全力采取措施，确保劳动关系和谐稳定。

陕西省总工会建立了“法院 + 人社 + 工会”劳动争议化解联调机制，依法参与调处化解劳动纠纷，并通过职工互助保障和专项帮扶资金，精准帮扶救助困难职工。

四川省总工会编制发布了疫情防控期间依法妥善处理劳动关系的政策问答，为广大职工与企业协商处理劳动关系问题提供了及时有效的政策咨询和法制依据，并在全省范围开展专项集体协商要约行动，指导帮助职工与企业共商共量、共渡难关。

重庆市总工会联合市人社局、市企业联合会、市工商业联合会发布了关于稳定劳动关系支持企业复工复产的意见，切实保障疫情期间职工劳动报酬、休息休假、劳动安全卫生、社会保险等合法权益。

在复工复产过程中，职工健康也是重中之重。针对疫情防控常态化，北京市总工会将新冠肺炎纳入非工伤意外伤害险理赔范围，把在职职工医疗互助保障计划住院部分最高报销额度从 8961 元调整至 17647 元。甘肃省总工会则组织开展“健康大篷车”活动，奔赴企业一线进行核酸检测和复工体检，为一线抗疫职工设立专项保险互助。

奋战在抗击病毒一线的职工，工会组织同样没有忘记。河北省有 1100 名支援湖北医疗队员，另有 1000 多名医生和 1700 多名护士直接参与省内抗疫工作，他们成了工会暖心服务的重点对象。邯郸市总工会重点关爱一线医护人员家中的老人，秦皇岛市总工会为一线医护人员家庭进行免费家政服务。

4 月 27 日，福建省职工疗休养示范基地迎来了第一批 2020 年一线职工疗休养活动的福州职工，市劳动者艺术团为这些曾经奋战在抗疫一线的医护人员送上精彩的文艺演出。福州市总工会表示，今年的职工疗休养活动还将向医护人员、社区工作者、环卫工人等疫情防控一线职工倾斜。

职工的心暖了、岗稳了、收入保住了，工作的积极性也就提升起来了，各类劳动竞赛如火如荼。

在西安市碑林区仁厚庄老旧小区改造工地，中建七局职工的劳动竞赛正在展开，竞赛奖金的八成用于奖励班组参赛人员。郑州市总工会在复工返岗职工中开展“岗位建功促生产、同舟共济渡难关”劳动竞赛和“工人先锋号”创建活动，利用“网上练兵”等多种形式提升职工技能。

5月8日，湖北省总工会、武汉市总工会联合主办了“保安全、保生产、保重点，促发展”劳动和技能竞赛启动大会，吹响了全省2020年劳动竞赛的号角。在启动仪式上，曾参与火神山医院、雷神山医院建设的中建三局的100多位农民工现场宣誓并集中入会。

助力企业有妙招

疫情暴发时，辽宁省丹东市只有辽宁实发洁净科技公司有生产口罩的资质和设备，但缺少工人和原材料。关键时刻，丹东市总工会不仅送去了慰问金，还在各类媒体上帮着企业做招工广告，很快解决了工人和原材料短缺的燃眉之急，企业也向社会捐赠了大量口罩。

急企业之所急，想企业之所想，复工复产路上，工会助力企业积蓄能量走上正轨。

企业需要防疫物资，工会来帮忙。北京市朝阳区总工会为43个街、乡全覆盖发放防疫物资，为中小微企业发放70万只防疫口罩。

小微企业需要资金支持，工会同样能帮忙。3月25日，江西南昌市总工会与中国邮储银行南昌市分行通过视频签署了2020年“洪工贷”业务合作协议，为中小微企业提供贷款服务。

不论问题大小，只要企业犯难的事情，都能看到工会的行动。

为解决企业食堂开门难、职工理发难的问题，天津滨海新区总工会搞起了“共享食堂”，并组织志愿者进入企业公寓给职工理发。

为了给企业产品找销路，贵州省总工会当起了“卖货郎”，进一步推动东部 7 城市工会与本省 8 市州工会扶贫协作，助推“黔货出山”。

针对服务业的困境，吉林省总工会联合省工商业联合会、省房地产协会发出倡议书，倡议“房屋租赁业主充分考虑疫情给商户企业带来的不利影响，从长远合作的共同利益出发，适当减免疫情期间经营门店的房屋租金”。

为了帮助小微企业渡过难关，工会组织自己也拿出了“真金白银”。

黑龙江省总工会通过与税务部门沟通协调，对已建立工会并足额缴纳工会经费的小微企业，定期全额返还从 2020 年 1 月 1 日至 2021 年 12 月 31 日两个年度的工会经费。

除黑龙江省之外，还有多个省份宣布全额返还小微企业两个年度的工会经费。山西省总工会下发通知，全省县级以上工会要根据本级工会当年经费收入和历年滚存结余实际，加大小微企业工会组建资金投入力度和职工活动资金投入力度。

当下，疫情防控进入常态化。不论是复工复产之路，还是重振经济之路，“维护职工合法权益、竭诚服务职工”永远是工会“娘家人”不变的职责和承诺。

（舒年）

推开就业“三重门”

就业是民生之本，也是社会稳定的重要保障。疫情之下，如何能稳住劳动者的饭碗，成为一个重大考验。面对疫情给就业市场带来的冲击，中央和地方部门推出各项举措，全力稳就业。

3月2日，全国总工会制定下发《关于做好新冠肺炎疫情防控期间支持企业安全有序复工复产和劳动关系协调工作的通知》。随后，各地工会因地制宜，细化举措。“云端”招聘、“点对点”返岗、困难群体帮扶等一系列措施先后实施，有效解决了职工的就业难题。

| 云端招聘会 |

3月13日上午，安徽省阜阳市总工会举办的农民工专场网络招聘会火热进行。通过现场直播的方式，13家企业的人事经理轮番介绍企业发展情况，发布招聘信息，与求职者进行“云”端互动，吸引了寻找岗位的劳动者。

家住阜阳市颍东区的杨军看到心仪的工作岗位后，便在线上与企业经理进行交流。此前，他在浙江金华做销售，受疫情影响一直赋闲在家。能够通过直播形式找到离家近的工作，让他很惊喜也很满足。

其实，这场招聘会是 2 月中旬安徽省总工会部署开展的网上就业创业援助月活动内容之一。活动期间，安徽省总工会提出力争做到“网上学堂不停课、线上招聘不停歇、就业服务不打烊”。随后，安徽各地市工会充分利用资源和手段，收集了大量招聘企业和岗位信息，通过各级工会职工服务网以及微信公众号对外发布。

以阜阳市为例，当地工会已经举办了县市区工会专场、劳模企业专场、农民工专场、家政服务人员专场等多场网上专场招聘会。

一场场不能见面却同样火热的招聘会，巧妙地在用人单位和求职者

江苏省苏州市 2020 年春季综合人才集市线下招聘会举行，现场 38 家招聘单位提供了 800 个工作岗位

间搭建起了桥梁。

针对疫情期间不能开展大型招聘活动的情况，全国各级工会都在想方设法向“云端”借力，积极搭建网上就业服务平台。山东各级工会网络招聘活动上线企业 1 万家，提供岗位 26 万余个，帮助 8 万余人达成就业意向；广西壮族自治区总工会为 3 万家企业发布就业岗位 166.54 万个，举办网络招聘会 914 场，开展远程视频面试 14.55 万人次，达成就业意向 16.31 万人。

据了解，内蒙古、黑龙江、上海、江苏、浙江、福建、安徽、四川、陕西、甘肃等地均建立了工会网上就业服务平台，多数已与全国工会就业服务平台实现了信息资源互联互享。

| 工会保驾护航 |

帮助职工就业只是第一步，摆在更多职工面前的是如何安全返岗的心理障碍。各级工会在做好疫情防控的前提下，通过包车乃至包机的方式，“点对点”将职工安全接到返岗地点。

3 月 1 日下午，杭州市总工会专线包车接回的第一批返岗务工人员顺利抵达杭州。次日上午，来自黔东南黎平县的 27 名工友也乘坐市总工会爱心专车顺利抵杭。

这些回杭的务工人员均有接收单位和正式工作岗位，出发之前均已提前完成备案审核。工友们到达杭州后，先到防疫检验站由工作人员进行专业衣物及行李消毒，然后进行体温测量和信息登记，最后依次接受健康码“绿码”排查，确保健康安全、放心返岗。

来自贵州省黎平县中朝镇的姬茂红和老乡林芝远，已经在杭州工作十多年了。疫情发生后，他们一直没有办法回杭州上班，心情越来越焦虑。得知杭州市总工会有包车接送的消息，他们第一时间报了名，顺利返回工作岗位。

作为黔东南地区的对口帮扶省市，为确保外来务工人员有序返岗复工，杭州市总工会主动与黔东南杭州帮扶工作队、总工会、驻杭办对接，拨出专项资金统一包车，集中发车。

为了保障农民工有序返岗，浙江省各级工会已经投入经费 4255.8 万元，提供包车 7114 车次，帮助 68.31 万人次就业返岗，3 万家企业因此解决了“用工难”问题。

据不完全统计，上海、山东、四川等 10 个省（区、市）工会共安排专车（含专列、包机）1.3 万次，130 万余名职工受益有序返岗。

| 聚焦重点对象 |

困难职工一直是各级工会的重点关心对象，疫情期间困难职工的生活和就业状况也时刻牵动着工会组织的心。

为了缓解困难职工家庭的实际困难，上海市总工会提前着手，对全市 882 户第一、第二梯度帮扶困难职工家庭档案进行排摸。随后，各区总工会结合困难职工申报工作，排摸出疫情期间区内困难职工家庭成员的就业需求。

在上海长宁区，工会组织结合开展“春风送真情，就业暖人心”系列就业帮扶活动，重点为困难职工家庭及成员安排线上推荐面试机会，并对有需求者提供线上技能培训服务。

上海闵行区总工会则发动区内劳模企业，建立线上“就业超市”，主动为区内困难职工家庭及其成员提供就业服务。

随着毕业季的脚步越来越近，来自困难职工家庭的大学应届毕业生就业问题更为急迫。上海市总工会就业服务部在先期梳理、排摸的基础上，对困难职工家庭中有就业需求的应届高校毕业生，由市总工会每人推荐至少 3 次合适的面试机会。对困难职工家庭中有见习需求的大专院校学生，由市总工会优先安排工会暑期大学生社会实践，全力纾解困难职工子女就业难题。

来自上海理工大学的汪玮就是在工会的帮助下提前找到了实习工作。3 月底，工会就业服务部的相关负责人盛老师主动打电话向她了解所学专业和工作意向，随后推荐她顺利通过面试，进入一家公司开始实习。目前，已经实习了近一个月。

虽然国内疫情逐步得到控制，但受全球疫情蔓延以及经济下行的影响，就业形势仍然严峻。在党和政府的“六保”目标中，保居民就业居于“六保”首位，更加凸显在疫情冲击下做好保就业工作的重要性。

当前，全国各级工会正在切实按照党中央的决策部署，助力疫情防控，全力以赴推动复工复产，在疫情防控和促进经济社会发展上发挥出应有的力量。

疫情下的职工阅读活动

2020年4月23日下午，北京，中国工人出版社职工书屋，第四届“阅读经典好书 争当时代工匠”全国职工书屋主题阅读交流启动仪式拉开了序幕。

与以往不同的是，此次活动以网络直播的形式进行，让职工和阅读来了一场“云约会”。

这场“云约会”中，全国总工会党组书记、副主席、书记处第一书记李玉赋，全总党组成员、经费审查委员会主任、全国工会职工书屋建设领导小组组长李晓钟通过视频寄语全国工会职工书屋建设和职工阅读活动开展。李玉赋指出，党的十八大以来，党和国家高度重视开展全民阅读活动，各级工会组织一张蓝图画到底，坚持不懈地开展职工书屋建设，越来越多的职工阅读场所遍布全国各地，工会电子职工书屋广受欢迎。

在全国40家省级工会、100余家市级工会、200余家企业工会的新媒体同步直播下，直播间涌入49.71万人，点赞量达77万次，虽然仅

全国总工会兼职副主席、全国工会职工书屋代言人、大国工匠高凤林（左）作为主持人亮相职工书屋阅读活动直播间

有 48 分钟的直播时间，却通过网络将职工读书的热情无限延续。

大国工匠变身主播

疫情发生前，每年的全国职工书屋主题阅读交流活动都是在线下举办，职工可以面对面和职工书屋代言人交流，也可以登台与志同道合的朋友分享读书心得。

疫情发生后，全国工会职工书屋建设领导小组选择将线下活动搬到线上，通过直播的方式与职工隔空来了一次热情的拥抱。全国总工会兼职副主席、全国工会职工书屋代言人、大国工匠高凤林作为主持人亮相，更成了此次直播的一大亮点。

“以前都是作为被采访的嘉宾，从来没有当过主持人。”这次受邀直播跨界主持，高凤林要线上面对全国职工，他说：“疫情当前，对于职工来说，这是读书之余的另一种放松方式，要带给他们好的体验，咱可不能出错。”

下午 3 时，高凤林准时上线。笔挺的坐姿，流畅的主持词，外加一套人们熟悉的工装，瞬间拉近了和职工的距离。

对于自己的直播“首秀”，高凤林起初还心有忐忑，随着直播的进行，他慢慢开始享受这一过程。对他来说，能和屏幕前的职工通过这种独特的方式产生互动，一同享受读书带来的快乐是最珍贵的事情。

助力抗疫成果显著

直播活动中，发布了全国职工书屋助力抗疫行动五大成果。自 2020 年初新冠肺炎疫情防控阻击战打响以来，全国工会职工书屋第一时间扛起“工”字责任，迅速发起电子图书免费阅读、全国职工新冠肺炎防控知识竞答、向湖北及抗疫一线企业赠送防疫图书、“抗击疫情 防控有我”主题系列征集以及向援鄂返京医护人员赠书赠阅读卡活动。

1 月 29 日，电子职工书屋增设“抗疫”阅读专区，上架开放 1.5 万种图书，供平台用户免费阅读。同日，全国工会电子职工书屋与《中国工人》杂志社共同发起，联合全国工会系统最有影响力的 48 家新媒体，开展全国职工新

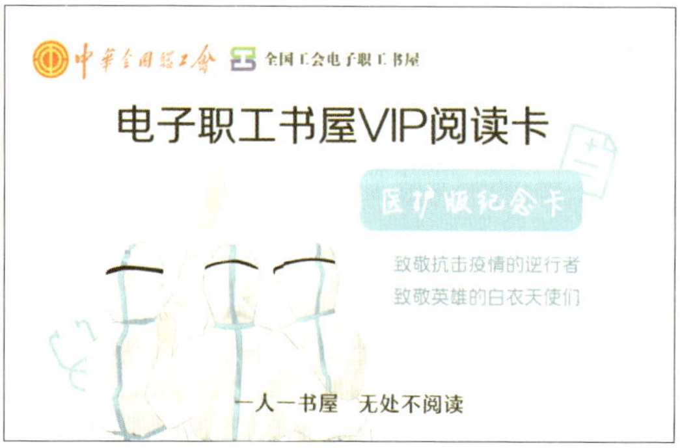

冠肺炎防控知识线上竞答活动，普及疫情防控知识，助力复工复产。5天时间累计150多万人次参与。

5天后，《新型冠状病毒职工防护知识50问手册》由中国工人出版社出版，全国工会职工书屋迅速向湖北地区志愿者和抗疫一线企业赠送2.6万册，音频版本同步免费上线。

直播现场还发布了“抗击疫情 防控有我”征集活动获奖名单。征集活动自2月初发起，素材涵盖图文、寄语、音视频、朗诵征集等上万件作品，吸引全国数十万职工关注。

抗疫离不开辛苦奋战在一线的医护人员。3月25日，当首批返回北京的46名国家援鄂医疗队员抵达全国总工会国际交流中心、进行为期14天的隔离休养时，全国工会职工书屋第一时间向援鄂返京医护人员封闭休养场所赠送部分图书和电子职工书屋阅读卡，丰富了他们封闭休养阶段的精神生活。

据悉，赠送活动的范围还将继续扩大到全国。今年，全国总工会宣传教育部、中国教科文卫体工会、中国工人出版社还将开展“助力抗疫 致敬英雄”活动，向参与抗击新冠肺炎病毒的医护人员代表赠送电子职工书屋阅读卡。

从线上到线下，从一线志愿者到全国职工，职工书屋惠及的范围越来越广，助力疫情防控效果显著。

整场直播还设置了有奖竞猜等环节，新颖的互动形式也吸引了众多“粉丝”，职工们纷纷点赞。“职工书屋让我们职工体会到了家的温暖，希望这样的活动一直办下去。”网友“畅想梁跃”留言说：“我要继续坚持阅读，闻书香，品人生。”

读书蓄力正当时

正如李玉赋通过视频寄语全国职工中强调的，全国各行各业职工群众要认真贯彻落实习近平总书记重要讲话精神，坚持读书明理、读书知责、读书修身、读书励志，不断提升技能素质，共同谱就劳动光荣的华彩乐章，汇聚团结奋进的强大正能量。

直播活动当天启动了女职工休息哺乳室图书配送项目和“全国工会品牌企业工人阅读联盟活动”计划。女职工休息哺乳室是工会女职工组织将依法维权和真诚服务相结合的有效工作载体，该项目将为3500家基层单位的女职工休息哺乳室配送思政、维权、生活、健康、育儿等方面的图书以及《中国工人》杂志。加入阅读联盟的企业可免费使用全国工会电子职工书屋阅读平台，发起开展阅读活动。

更值得关注的是，读书日同步启动了“中国梦·劳动美——决胜小康 奋斗有我”全国职工读书知识竞赛。这一活动紧扣决胜全面建成小康社会、决战脱贫攻坚工作主线，围绕庆祝全总成立95周年，由全国工会职工书屋建设领导小组办公室向全国职工推荐20种指导书目，通过线上线下同步进行读书知识竞赛，引导广大职工学习党史、新中国史、改革开放史和中国工运史，激发爱党爱国热情，增强工人阶级主人翁意识。

全国工会职工书屋主题阅读交流活动自2017年启动至今，已经连续举办四届。如今，“职工书屋”品牌已在亿万职工中叫响，成为提升职工文化素质的重要抓手、繁荣职工文化的重要载体。

疫情之下，临工奋力醒来

5 月 11 日清晨 5 时许，天色刚亮，安徽合肥市凌大塘临工集散中心门前的江陵路上，前来揽活的临工已经绵延了数百米。

在合肥，临工是指那些接受工资日结方式的务工者，临工集散中心则是这些临工的最大集散地。他们在这里等待、寻找、期盼，随身携带的大锤和电钻是“敲门砖”，喧闹的街道是面试场，前来招工的车辆是他们这一天收入的希望。

日复一日，作为安徽首家服务“马路临工”的公益性组织，凌大塘临工集散中心成为这些临工在城市里的落脚点，也是他们用劳动创造新生活的出发点。没有想到的是，突如其来的新冠疫情打乱了原本的节奏。

来自亳州的付芳在合肥打工十几年，第一次看见集散中心滞留着这么多人。疫情出现之前，她几乎天天都有活儿。但是，从今年 3 月复工到现在，一个多月的时间过去了，她总共干了不到一个星期的活儿。

凌大塘临工集散中心主任吴国军说：“尽管我们有 200 多家长期合

作的用人单位，现在依然需要主动出击，为临工们争取更多的工作机会。”

用工市场人多活儿少的新问题，摆在集散中心的面前，也焦灼了众多临工的心。然而，在疫情和生活的夹缝中，一种奋力突围的力量正在顽强生长。

| 求转变 |

临工集散中心门前，保安黄思猛拿着扩音喇叭在江陵路上来回巡视，不时提醒着大家戴好口罩，保持安全距离。

2015 年，临工集散中心成立，临工们结束了“占马路”式摆摊的混乱和无序，终于有了安稳的落脚之地。黄思猛见证了这一过程，对临工有一份特殊的感情，“能帮就帮一把，他们都不容易”。

疫情发生后，黄思猛主动给自己增加了额外的工作内容。

有的临工不识字，看不了集散中心招工信息栏上的用工需求，只能无助地在路边等待。黄思猛就把招工信息读给这些临工听：“有家商场招保洁，需要不少人，你们想不想去？”“有个家具安装的工作，我看你挺适合，要不要试试？”

有的临工摇摇头拒绝了，有的临工和工友权衡着利弊，也有心动的临工直接走进集散中心登记。遇到拒绝自己推荐的临工，黄思猛也从不反复劝说：“适合就干，不适合就算了，给他们多个选择吧。”

集散中心是用彩钢板搭建起来的，38 岁的王秀珍茫然地站在门口，踌躇间显露出几分不知所措。

2019 年下半年，王秀珍从阜阳来到合肥务工。转眼半年多时间过去了，她还是第一次来到凌大塘。每有招工车辆驶来，临工们都会一哄而上抢着推介自己。性格羞涩的王秀珍拘谨地躲在一边，被动地看着这一幕激烈竞争的求职场面。

“以前，我听说临工集散中心能帮忙找工作，但从来没跟他们打过交道，不晓得好不好说话。”王秀珍听说有个微信群里每天都有招工通知，就向周围的人打听。一位热心的临工告诉她，那是凌大塘临工集散中心的微信群。王秀珍动心了，抱着试试看的心态找上门。

集散中心工作人员注意到了王秀珍，用热情和耐心打消了她的踯躅和不安。验证身份证，填写个人信息表格，王秀珍就这样加入了临工库。她长舒一口气，第一次有了进城务工的归属感。

| 找突破 |

招工数量锐减，着急的不只有临工群体，还有凌大塘临工集散中心的工作人员。

从 2 月 3 日开门到现在，吴国军就和同事们一直忙个不停。他们一边给登记在册的 3900 多名临工一一打电话确认健康状况，告诉他们延迟复工的消息，一边给几百家企业一一打电话确认用工信息，积极拓宽对接渠道，创造更多就业机会。

凌大塘所属的常青街道工会也没有闲着，始终在为集散中心提供各种帮助。安徽工会今年积极开展“网上就业创业援助月”活动，合肥市也举办了很多场“云招聘”。工会整理出合适的招工企业信息，由凌大塘临工集散中心发布出去。

“工会这项普惠职工活动，也不能落下临工群体。”刘国楚说。

西安市新兴南路快速干道华清学院段在建工地，工人们全力投入复工，加紧建设步伐　孙彩花 / 摄

为了维持疫情防控和复工复产之间的平衡，集散中心还创新实行“点对点”和“一站式”服务。他们不仅为临工登记健康码、测量体温、签署健康承诺书、提供安全证明，还包车接送他们上下班。

更有特色的创新则是“临工共享”，这是被复工人数不足倒逼出来的新模式。

疫情发生后，登记在册的临工复工人数仅有700多人，占往年的四成左右。“临工共享”试图让临工们跨行业就业，对接保洁、搬运工等专业门槛低、兼容性高的工作岗位，帮助企业解决突发的用工难题。

3月13日，集散中心首次以“临工共享”的模式对接了5家用工单位，发布了200多个岗位需求。截至目前，“临工共享”已经解决了2000多人次就业。

| 再出发 |

每一场生活的冲击都会带来一次思想上的震荡，如何与疫情造成的就业瓶颈博弈，显然是集散中心和临工们必须面对的问题。

加入集散中心的临工库，让王秀珍开始思考自己未来的务工规划。她觉得，相比于一技傍身的大工，自己这样的小工缺少竞争力，必须要尽快拥有一技之长。

大工是指电焊工、砌筑工等有着专业技能的工种，一天的工资是300多元。小工是工地上的辅助性工作，一天的工资在160元至180元。相比于大工，小工求职难，保住岗位更难。

凌大塘临工集散中心党支部书记宋凡说：“现在是引导临工转变观念的好契机，越来越多的临工开始接受短期甚至长期的工作了。”

以往，很多临工不喜欢短期和长期的工作。一个普通小工一天的工资在 180 元左右，一个月的收入在 4000 元左右，与工厂里的长期工相差不大，“工资日结、灵活性强”的临时工作往往更受青睐。

宋凡介绍道：“新的就业形势下，有固定期限的工作逐渐显出优势，开始成为临工群体眼中的‘香饽饽’。毕竟，他们比谁都清楚，赚钱谋生才是硬道理。”

如今，集散中心已经把临工技能培训纳入工作规划，接下来还要开展临工大课堂活动，邀请相关技工能人给临工们授课。宋凡说：“临工变长工，小工变大工，这是我们努力的方向。”

每天早上 9 时，城市里许多人的工作才刚刚开始。然而，那些仍在路边揽活的临工们，这一天的“求职”已经接近尾声，可能又要在茫然中等待明天来临。

在合肥市包河区桐城路与南二环路交叉口，有的临工离开了凌大塘临工集散中心，有的临工继续守在门口四处张望。

这一幕，或许在无意中诠释了《基督山伯爵》中的那句话——等待与希望，是人类的全部智慧。